coleção primeiros passos 212

Dulce Helena Penna Soares

O QUE É ESCOLHA PROFISSIONAL

4ª Edição

editora brasiliense
São Paulo - 2012

Copyright © by Dulce Helena Penna Soares
Nenhuma parte desta publicação pode ser gravada,
armazenada em sistemas eletrônicos, fotocopiada,
reproduzida por meios mecânicos ou outros quaisquer
sem autorização prévia da editora.

4ª edição, 2009
3ª reimpressão, 2016

Diretora Editorial: *Maria Teresa B. de Lima*
Editor: *Max Welcman*
Produção Gráfica: *Laidi Alberti*
Produção Editorial: *Ione Franco*
Revisão: *Angela das Neves*

Dados Internacionais de Catalogação na Publicação (CIP)
(Câmara Brasileira do Livro, SP, Brasil)

Soares, Dulce Helena Penna
 O que é escolha profissional / Dulce Helena
Penna Soares. -- 3ª reimpressão da 4. ed. rev. e atual. -- São Paulo :
Brasiliense, 2016. -- (Coleção Primeiros Passos ; 212)

 ISBN 978-85-11-00132-7

 1. Orientação vocacional I. Título. II. Série.

09-04807   CDD-371.425

Índices para catálogo sistemático:
1. Escolha profissional : Educação   371.425

editora brasiliense
Rua Antonio de Barros, 1720 – Bairro Tatuapé
CEP 03401-001 – São Paulo – SP – Fone 3062-2700
E-mail: contato@editorabrasiliense.com.br
www.editorabrasiliense.com.br

O momento da escolha é quando a gente pode olhar para trás e para a frente ao mesmo tempo, decidindo o caminho a seguir.

SUMÁRIO

I - CHEGOU A HORA!..9
II - NÃO É TÃO SIMPLES ESCOLHER..................11
III - A MATURIDADE PARA ESCOLHER................15
    O QUE É ESCOLHER?..................................16
    LIBERDADE DE ESCOLHA..............................18
    O COMPROMISSO DA ESCOLHA.....................20
IV - O PROCESSO DE ESCOLHA.........................23
    O DESENVOLVIMENTO DA ESCOLHA...............23
    A QUESTÃO DO TEMPO...............................26
    O PROJETO DE FUTURO..............................29
V - SEGUIR ESCOLHENDO..................................33
    MUDANDO E REORIENTANDO........................35
    FAZENDO OS ESTÁGIOS...............................39
    PLANEJANDO A CARREIRA............................40
VI - APOSENTANDO-SE......................................47
    APOSENTAR-SE TAMBÉM É UMA ESCOLHA!............47
    O LADO BOM DA APOSENTADORIA – CURTINDO O TEMPO LIVRE..50

O LADO RUIM DA APOSENTADORIA — A PERDA DA
IDENTIDADE E DO *STATUS* PROFISSIONAL 52
VII - A INFORMAÇÃO PROFISSIONAL 55
BUSCANDO A INFORMAÇÃO PROFISSIONAL. 56
VIII - A ORIENTAÇÃO PROFISSIONAL. 61
COMO PODE SER FEITO O TRABALHO DE O P EM GRUPO . . .63
COMO SE IMAGINAR NA FUTURA PROFISSÃO. 66
IX - INFLUÊNCIAS NA ESCOLHA. 69
INFLUÊNCIAS SOCIAIS 70
INFLUÊNCIAS PSICOLÓGICAS. 72
A EXPECTATIVA DA FAMÍLIA 74
X - VOCAÇÃO, ELA EXISTE? 79
O QUE É VOCAÇÃO?. 80
COMPETÊNCIA + INTERESSE .81
OS TESTES PSICOLÓGICOS 82
XI - DIÁRIO DE UM ESTUDANTE UNIVERSITÁRIO 85
XII - SEJA VOCÊ MESMO O SEU PATRÃO 95
XIII - POR ONDE COMEÇAR OU DANDO OS
PRIMEIROS PASSOS 99
INDICAÇÕES PARA LEITURA. 105
SOBRE A AUTORA 111

CHEGOU A HORA!

Chegou a hora! É a sua vez! Você precisa escolher uma profissão, um trabalho! Decidir o que fazer de sua vida...

– E daí? Por onde começar?

Há muitas maneiras: tirando a sorte, consultando os búzios, os astros ou uma cartomante!

– É, mas assim não dá! Não vou deixar a sorte definir o meu futuro!

Mas você não pode fugir de uma decisão. O que você vai fazer?

– Bem, lá em casa eles já têm a sua opinião. O pai acha que devo ser engenheiro. A mãe me vê gostando muito de esportes e dá a maior força para eu fazer educação física. Como saber qual profissão é melhor para mim? Será que não existem testes para avaliar minhas competências e me ajudar a definir?

Há testes, sim. Mas vai resolver o problema se o teste disser qual área você deve seguir? E se você não gostar do resultado do teste? Será que descobrir apenas as competências vai determinar o curso a seguir? Como saber se você vai se dar melhor sendo dentista ou veterinário?

É isso aí! Você vai ter de escolher, e SOZINHO! Pois SÓ VOCÊ é responsável pela decisão tomada, ela é a SUA ESCOLHA! Afinal, não é você quem vai ser o profissional que escolheu ser? Não é você quem vai dar duro depois, trabalhando na sua profissão?

Existem muitas maneiras de buscar ajuda nesse momento de escolha profissional. Este livro dá algumas dicas. É importante conferir, pois assim você terá mais segurança e coragem para escolher o seu caminho!

NÃO É TÃO SIMPLES ESCOLHER

Todos nós passamos por ela um dia: a escolha do trabalho, de uma carreira. E a dúvida: o que fazer?

Às vezes parece tão simples escolher, é só procurar aquilo que a gente gosta de fazer e pronto. "Eu tenho facilidade para mexer em motores, vou ser mecânico, ou quem sabe engenheiro mecânico?" Ela tem preferência pela leitura e sempre encontra tempo para ler seus livros de suspense; será jornalismo a melhor profissão para ela?

É, mas tem gente que diz: "Eu não gosto de nada em especial, faço de tudo um pouco..." ou "Gosto de muitas coisas, posso seguir qualquer profissão?".

Não é tão fácil assim escolher. A prova está na quantidade de pessoas que desistem de seus cursos, abandonam bons empregos, procurando sempre encontrar alguma coisa diferente no seu trabalho. Muitos fatores interferem nas escolhas realizadas.

Para algumas pessoas, a escolha é mera casualidade: aparece determinado emprego, elas aceitam e depois descobrem gostar daquilo que fazem.

Outras passam a vida inteira procurando aquele trabalho maravilhoso ou aquela profissão que lhes trará toda a felicidade do mundo! Mas é por aí?

Resolvi escrever este livro quando comecei a trabalhar com orientação profissional e percebi como é complexo e difícil o momento da escolha. E como é antigo dentro da gente!

A questão da escolha de uma profissão existe desde o nascimento. Nossos pais ficam imaginando como será o nosso futuro ao nos ver pela primeira vez, quais sonhos poderemos realizar e qual filho deveremos ser.

Desde cedo, muitos pais, já preocupados com o vestibular, fazem as crianças prestar "vestibulinho" para conseguir vaga na melhor escola particular: aquela que mais aprova no exame.

O jovem, ao dar-se conta da complexidade do mundo do trabalho e das inúmeras profissões existentes, sente-se inseguro e indeciso diante do futuro, sem saber qual caminho seguir.

Até os jovens adultos, que já passaram por uma primeira escolha e já estão formados, deparam com novas definições: a escolha do trabalho em si, da especialização, mestrado ou doutorado, o melhor emprego! É sempre um novo desafio!

Podemos conversar sobre o sentimento daquele pai, que já trabalhou longos anos, ao ver o filho adolescente com um vasto caminho pela frente e inúmeras possibilidades em suas mãos. Ele questiona sua vida e sua profissão: "era isso mesmo que eu queria ser quando tinha a idade do meu filho? E se eu tivesse tido outras possibilidades? E se eu não tivesse casado tão cedo e assumido as responsabilidades de uma família, filhos, etc. e tal? O que eu poderia ter feito?".

E os nossos avós, com toda sua experiência de vida, sua sabedoria, como se orgulhariam de ter um neto que seguisse a sua carreira para poder deixar-lhe seu legado, sua biblioteca, seus livros, seu consultório e muitas vezes até a sua clientela!

Cerca de um terço dos jovens que ingressam nas universidades públicas já são universitários e estão fazendo um novo vestibular, deixando uma vaga em aberto. E ainda, quase a metade dos estudantes das universidades federais abandona seus cursos antes de receber o diploma.

Esses dados não são o mais importante, preocupa-nos também o sofrimento de um número muito grande de pessoas que não se encontram satisfeitas no trabalho desempenhado. Sentem-se frustradas e deprimidas, procurando a saída para os seus problemas, quando a origem deles pode estar na escolha da profissão!

Acredito ser possível escolher o que se quer e gosta e, principalmente, lutar por isso!

Vamos pensar juntos: como escolher uma profissão? Existe uma única profissão possível? Qual será a melhor para mim?

Existe a melhor escolha possível em determinado momento de nossa vida e em determinadas condições. Estas podem ser políticas, sociais, econômicas e familiares, mas são as vivenciadas naquele momento, e por isso definem nossas possibilidades. Como as condições mudam, num outro momento da vida, nossa escolha poderá ser diferente. Portanto, a escolha nunca é definitiva, é sempre passível de ser refeita!

A MATURIDADE PARA ESCOLHER

Escolher um trabalho, uma profissão, é escolher a forma pela qual queremos participar do mundo no qual vivemos e é, sem dúvida, uma forma de ser responsável também pelas escolhas dos outros.

As escolhas mais fundamentais na vida das pessoas, como a de um companheiro ou a de um trabalho, acontecem geralmente no fim da adolescência e significam também o próprio ingresso na idade adulta. O adulto é definido na literatura como aquela pessoa que tem uma família, educa novas gerações e tem um trabalho, uma profissão!

Para fazer uma escolha importante é preciso já ter experimentado a emoção da escolha em situações menos comprometedoras. Infelizmente nem sempre lhe é dada essa possibilidade. Há pais que desde cedo escolhem o colégio dos filhos sem ao menos perguntar a sua opinião. Por que não dar a oportunidade às crianças de escolher e se responsabilizar por isso?

Como se sentir maduro para escolher? Posso me preparar para escolher?

O que é escolher?

Escolher é decidir entre uma série de opções aquela que nos parece a melhor. Para isso é preciso avaliar os prós e os contras de cada possibilidade e saber que, fazendo uma opção, estamos deixando de lado todas as outras. A escolha envolve a exclusividade.

Um exemplo cotidiano: estamos numa loja, diante de duas camisetas, uma vermelha e outra azul. Só podemos comprar uma. O que fazemos para escolher? Pensamos na cor de que mais gostamos, nas outras roupas do armário, pedimos a opinião de um amigo ou até mesmo do vendedor. E nos decidimos pela azul. Ao chegarmos em casa pensamos na outra camiseta. "Se tivesse comprado a vermelha ficaria melhor com este *jeans!*"

Muitos pais, na ânsia de agradar os filhos, dizem: "Leve as duas camisetas!". Neste caso tirando a possibilidade de vivenciar a escolha propriamente dita. Muitos jovens fazem duas e até três faculdades e continuam sem saber o que fazer, quem ser, qual profissional, enfim, escolher ser.

Essa é apenas uma escolha cotidiana e geralmente passa despercebida. Quando escolhemos uma profissão é preciso estar atentos, pois estaremos deixando de escolher todas as outras que, de alguma maneira, também nos interessam.

É importante ter isso claro para não passarmos o resto da vida lamentando não haver escolhido a camiseta vermelha, aquela que não compramos.

Os interesses são fundamentais no processo de escolha. Pensar nas atividades que gostaria de realizar sentindo-se bem e verificar quais profissões mais se aproximam delas.

Algumas vezes é possível adaptar um interesse a uma situação de trabalho. Por exemplo, uma pessoa gostaria de ser pintor(a) e resolve trabalhar com publicidade, na criação de imagens para propaganda. Está sem dúvida utilizando sua potencialidade, mas subordinada às exigências e aos interesses do cliente. Se ela fosse artista de profissão, não precisaria abrir mão da sua autonomia, mas, em compensação, teria muitas dificuldades para a realização profissional no Brasil, pois infelizmente a arte não é valorizada em nosso país.

Escolher, portanto, implica deixar de lado aquilo que não é escolhido e aceitar as consequências da decisão. Por exemplo, não ter a camiseta vermelha para sair.

Posso pensar: eu escolho o que eu quero? Sou livre para escolher?

Liberdade de escolha

> *"Eu posso escolher o que quiser, lá em casa meus pais não interferem..."*
>
> *"O que eles esperam não é o que eu quero para mim..."*
>
> *"Eu faço o que eles me pedem, pois é o que eu quero também..."*

SER LIVRE É POSSÍVEL? Quem é? Quem não gostaria de ser? Quem consegue ser em algumas situações?

Falar sobre liberdade não é fácil! Todo mundo acha que sabe o que é; todo mundo já tem o seu conceito de liberdade, já sabe se sentiu ou não!

Os filósofos estudam e definem a liberdade, os materialistas históricos e dialéticos dizem que ela não existe, somos controlados pelo "capital". E os jovens não se cansam de buscar...

Na TV nos dizem: "liberdade é poder trocar de operadora de celular", ou que "ser livre é ter tal modelo de laptop..." ou tantas outras mensagens passadas diariamente pelos meios de comunicação.

Ser livre para escolher uma profissão, esta é a nossa questão! Podemos ser mais ou menos livres em determinadas situações? Todos podem ser livres, de igual maneira?

Sartre, filósofo francês existencialista, nos diz que não há determinismo, o homem é livre, o homem é liberdade. Mas essa liberdade tem um compromisso com a escolha, envolvendo assim uma situação específica.

Por exemplo: vivemos num determinado momento socioeconômico e político. Fazemos parte de uma família que pertence a determinada classe social. Esses aspectos determinam nossa situação de vida.

Para Sartre, o homem define-se pelo seu projeto de vida, só existe na medida em que o realiza. Todo projeto é fundamentado por escolhas. Estamos sempre escolhendo. Nossa vida se define pelo futuro que almejamos alcançar. Por exemplo, ao escolher a profissão de dentista, isso é apenas um projeto e só irá se realizar após a formatura, quando atendermos o primeiro cliente.

A realidade é por si só um limite. Não se pode tudo, ao mesmo tempo, e quando se quer. Pode-se dentro de situações concretas, reais e limitadas.

O homem poderá escolher dentro de um leque de opções oferecidas pela sua situação de vida (considerando, aí, desde a classe social ao tipo de família, como também a época histórica e cultural na qual ele se insere, a cidade ou país onde reside).

Por exemplo, jovens de classe média que desde crianças já brincam com computadores podem escolher a área de informática, enquanto outros vindos do campo ainda não tiveram seu interesse despertado por essa área.

Acredito na pessoa como agente, isto é, responsável por sua própria escolha, como um ser capaz de realizar o seu projeto de vida e construir a sua história social.

O compromisso da escolha

A escolha é possível. O que não é possível é não escolher, pois mesmo quando não escolhemos, estamos escolhendo – o não escolher.

O que você acha deste exemplo: um rapaz vai inscrever-se para fazer vestibular e pensa: "Qual curso eu faço?". Nós pensamos: qualquer um, você pode todos, basta marcar uma cruz no quadrinho. Na realidade não é assim. Na sua família os cursos mais valorizados são direito, medicina e informática. Mas ele gosta mais de artes. Qualquer escolha sua implicará a responsabilidade pelos atos a serem realizados para que ela se consolide. Quanto mais claras estiverem as influências em jogo, maior será a autonomia para escolher.

Quando estamos na fase da escolha, apesar de ser um ato individual e muitas vezes solitário, estamos incluindo também uma série de pessoas que direta, ou indiretamente, sofrerão as consequências dessa escolha. Portanto, todo projeto de vida, por mais pessoal que seja, tem sempre um componente social e universal. A resposta dada a uma situação que envolve escolha realizada terá sempre consequências sociais.

Se você resolver estudar artes, estará participando do mundo, realizando o seu trabalho como artista e interagindo, com sua família, como artista. Pode trazer grande contribuição para a humanidade por meio de sua arte. Por outro lado, se tivesse escolhido ser engenheiro, sua contribuição seria bem diferente, mais voltada para a solução de problemas na área tecnológica. As duas atividades são muito importantes, pois nosso trabalho sempre está voltado para melhorar a vida das pessoas.

Quando pensamos "livre para escolher um curso", esquecemos: a pessoa quer mesmo fazer um curso universitário? Quer continuar estudando? É esse o seu projeto de vida, neste momento?

Há jovens que não param para pensar se querem optar ou não por seguir os estudos universitários; seu problema não é escolher um curso e sim "ter de fazer uma faculdade". Outro dia uma mãe me falou: "Meu filho pode até continuar surfando, desde que ele faça uma faculdade, pode ser qualquer uma, mas ele tem de fazer!".

O PROCESSO DE ESCOLHA

A escolha não se dá de uma hora para outra. Ela não é um fato isolado na vida da gente. É, isto sim, fruto de amadurecimento pessoal ao longo do tempo.

Muitas vezes a necessidade de escolher não coincide com a possibilidade psicológica para tal. Por exemplo: chegou a hora da inscrição para o vestibular e você pensa: "Mas eu já sei o que eu quero?". "Se eu vou estudar só no próximo ano, por que escolher agora?". Os prazos para inscrição no vestibular muitas vezes são no meio do ano e surpreendem os jovens por ainda não terem parado para pensar na sua opção!

O desenvolvimento da escolha

A escolha profissional constitui um processo contínuo, que se inicia na infância e vai até a idade adulta. A partir de entrevistas com adolescentes, psicólogos americanos descobriram que o processo de escolha compreende três momentos: primeiro, de *fantasia;* segundo; de *tentativa* e terceiro, *realista,* este é o momento da escolha profissional propriamente dita.

A *fase da fantasia* compreende várias situações: de 4 a 6 anos, quando a criança responde à pergunta: "O que você vai ser quando crescer?", geralmente baseada em suas satisfações intrínsecas e passageiras, isto é, em desejos e necessidades momentâneos. De 7 a 9 anos, as escolhas já são baseadas no êxito oferecido pelas carreiras, e de 10 a 12 anos, as escolhas começam a basear-se em realismo, sentidas como de sua responsabilidade.

Na fase da fantasia é comum as crianças dizerem: "quando crescer serei policial", pois admiram o guarda de trânsito que auxilia na travessia da rua.

Quem não pensou em ser piloto de avião, aeromoça, bailarina ou jogador de futebol? Essas profissões, muitas vezes, são escolhidas pelo êxito e reconhecimento que a família e os meios de comunicação lhes dedicam.

A *fase das tentativas* se desenvolve dos 12 aos 17 anos; o adolescente baseia as escolhas primeiro em suas capacidades e finalmente nos seus valores, mesmo tendo informações insuficientes sobre si mesmo e sobre o mundo do trabalho.

Valores são as normas, princípios ou padrões sociais aceitos ou mantidos por indivíduos, classe ou sociedade. Na fase das tentativas, o jovem começa a reconhecer os valores de sua família e meio social, assumindo-os e experimentando-os como seus.

Prestígio, *status* social, dinheiro são valores transmitidos por nossa sociedade levados em conta no projeto de sua vida. Mas quando você se questiona a respeito deles, pode constatar que nem sempre são os mais importantes. Justiça, honestidade, amor ao próximo, satisfação pessoal também fazem parte da vida das pessoas.

A *fase realista* ocorre entre 17 e 21 anos, implicando a escolha de uma profissão, de um curso superior, e caracteriza-se por alguns momentos distintos. Inicialmente, você deve ter um conhecimento mais detalhado, se possível, de todas as profissões para começar a distinguir as que você quer ou das quais gosta. Essa fase é de exploração. Na próxima fase você se compromete com o objetivo escolhido. A fase seguinte ocorre quando você começa a tomar as primeiras iniciativas que o levarão a concretizar a escolha feita, por exemplo, a busca dos locais onde é oferecido o curso escolhido, a inscrição para o vestibular etc. É importante passar por todas essas fases, e só então é possível escolher.

Mas, mesmo passando por todas estas fases, continua não sendo fácil escolher. Hoje, o jovem pode encontrar uma resposta para sua escolha em uma lista de 16 mil cursos de graduação oferecidos por mais de 1,8 mil instituições de ensino superior no Brasil

(MEC). Então, para uma melhor escolha profissional é preciso conhecer-se a si mesmo, buscar informações sobre as áreas profissionais de maior interesse para a pessoa e também conhecer com detalhes a profissão a ser escolhida.

A questão do tempo

Escolher o que se quer no futuro implica reconhecer aquilo que fomos, os acontecimentos importantes em nossa vida e sua interferência no momento presente. É preciso fazer uma *integração do tempo* dentro de nós.

O futuro se organiza dentro de nós como uma sucessão histórica, na qual estamos sempre fazendo novos e cumprindo projetos anteriores. Quando lançamos no futuro uma recordação do passado, nos reconhecemos como sendo os mesmos que a lançamos. Não nos damos conta, mas o "eu sou" e "eu serei" são a mesma pessoa que se desloca no tempo, construindo a sua história.

Por exemplo, quando você escolhe engenharia mecânica, lembra do prazer experimentado ao montar e desmontar os carrinhos do autorama. Ao se formar, olha para trás e percebe: você é o mesmo que um dia, criança, queria ser aquele que projetava o carrinho, mas a engenharia mecânica talvez não tenha permitido realizar aquele sonho de criança, pois os projetos são todos feitos por computadores e já estão quase prontos, precisamos apenas fazer algumas adaptações!

O momento da escolha é quando a gente pode olhar para trás e para a frente ao mesmo tempo, decidindo o caminho a seguir. Você está preocupado em decidir quem você um dia será, quais são as suas possibilidades, qual futuro você irá construir.

Se você escolher estudar administração de empresas, também estará definindo um modo de vida, um jeito de ser e viver no mundo. Provavelmente, um administrador deverá trabalhar de terno e gravata ou no mínimo estar bem-vestido. Você ainda não se veste assim, mas já pode imaginar, pois será necessário no futuro andar bem-arrumado.

Um amigo seu faz educação física, ele passará grande parte do seu dia de abrigo, vestindo camiseta e calçando tênis. Terá uma vida ao ar livre. Dificilmente precisará vestir um terno numa situação de trabalho. Talvez no dia do seu casamento ou de sua formatura, ele vista terno e gravata para a cerimônia!

Mas se você conhece algum advogado, juiz ou desembargador, encontra-o sempre de terno e gravata, pois esta é a sua vestimenta do dia a dia. Imagina esse profissional de abrigo e tênis? É difícil, não é mesmo? Talvez num final de semana, passeando em algum parque da cidade com a família! Ou numa academia, caminhando na esteira!

Esses exemplos, talvez um pouco extremos e estereotipados, nos mostram o quanto a profissão define também um futuro modo de vida. Portanto, antes de escolher, preste atenção nos profissionais em seu trabalho e se imagine em seu lugar. Como você se sentiria? Gostaria de estar ali fazendo o que ele faz? Pense nisso.

Outra questão relativa ao tempo é a urgência da tomada de decisão. Frequentemente esta é pressionada pela data de inscrição no vestibular. Na maioria das universidades federais, a inscrição acontece no início do segundo semestre, quando o jovem ainda não se deu conta de que já está na hora de escolher!

A urgência é aliada a um sentimento de surpresa: "Mas eu tenho de escolher agora? Não posso pensar mais um pouco? Por que a gente não entra na universidade e depois escolhe?"...

Essa questão aparece seguidamente de maneira extrema nos locais onde se realizam serviços de orientação profissional. Alguns jovens chegam no último dia da inscrição e pedem a aplicação de um teste para informar onde ele deve marcar a cruzinha.

Os profissionais dessa área acabam prestando um atendimento de emergência, mesmo sendo inviável fazer o acompanhamento e dar às pessoas o tempo necessário para aprofundar sua decisão. Os interessados mais apressados farão o vestibular sem ter sequer refletido sobre a sua escolha e seu projeto profissional.

E muitas vezes acabam num futuro próximo buscando uma reorientação, pois não se identificam com o curso escolhido.

Sempre é tempo de escolher de novo! Não devemos pensar que uma escolha feita na adolescência deva ser definitiva! Por que não mudar de profissão se não estamos satisfeitos? Devemos sempre lembrar que o fundamental é:

Fazer a melhor escolha para determinado momento e em determinadas condições.

Portanto, se algo mudar (o momento é outro e as condições mudaram), nós também podemos escolher de novo!

O projeto de futuro

Desde que nascemos, nossos pais já estão elaborando projetos para o nosso futuro! Essa noção é mais ampla do que a escolha, pois implica numa visão sobre o futuro a ser construído e nunca está completamente finalizada, pois esse projeto está em constante transformação, podemos estar sempre construindo e reconstruindo algo diferente!

Elaborar projetos é uma característica essencialmente humana, não somente o ato de projetar, mas também de viver sua própria vida como um projeto. O projeto implica uma dimensão de tempo, o futuro, sob forma de antecipação e a noção de abertura, como algo ainda não determinado, um porvir.

O projeto é o momento que integra num mesmo todo o futuro previsto e o passado recordado. Por meio do projeto, construímos, para nós, um futuro desejado, esperado.

Por isso é importante elaborarmos esse projeto de vida profissional. Quando escolhemos uma profissão, como um físico, por exemplo, essa escolha é somente o primeiro passo de um projeto maior. Qual físico gostaria de ser? Um pesquisador, um físico nuclear? Ou um professor de física do cursinho mais badalado da cidade, ensinando os macetes para os vestibulandos passarem no vestibular? São dois projetos de futuro bem diferentes, embora os dois se interessem pela física em princípio.

Jovens sem projeto de vida muitas vezes vivem em situação de risco, são vulneráveis, pois não encontram sentido nas coisas que realizam no dia a dia e muitas vezes procuram nas drogas e na marginalidade um significado para suas vidas.

Então, pode ter a certeza de que, a escolha é somente o início de uma jornada, de uma vida, é o primeiro passo da nossa trajetória profissional, por isso mais uma razão para ela ser feita com reflexão e conhecimento de causa: isto é, de si mesmo e da profissão que você vai escolher!

O projeto não pode ser para um futuro longínquo nem também se limitar a ser muito imediato. Quando escolhemos seguir uma faculdade, esse projeto vai demorar uns quatro a cinco anos para ser realizado. Só seremos o veterinário que escolhemos ser após os cinco anos de faculdade. Então, é um projeto, este só vai se realizar depois de certo tempo de vida.

Para exercitar, faça e discuta com seus amigos uma redação: EU E MEU FUTURO. Por meio dessa redação, você poderá se imaginar num futuro mais amplo, seguindo os vários passos até chegar a ser o profissional que você quer ser. Discuta com seus amigos, mostre para seus pais e professores e veja qual a opinião deles, se consideram possível realizá-lo.

É fundamental: o projeto deve ser algo realizável, estar dentro da realidade que você vive! Mãos à obra!

SEGUIR ESCOLHENDO

Depois da escolha feita, da cruzinha na ficha *on-line* de inscrição, você pensa que o problema está resolvido. Para muitos ainda não! Trocas de curso, trancamentos de matrículas, desistências e repetências são frequentes nas universidades brasileiras, e você ainda deve enfrentar uns quatro a cinco anos para a realização do curso escolhido...

Depois vem o período dos estágios: "em qual área vou estagiar primeiro?", "Prefiro a área de projetos ou de manutenção?", "Vou para qual especialidade da medicina", "Trabalhar com crianças ou fazer exames com fibra ótica?".

Ao concluir um curso, o processo de escolha continua. Qual tipo de emprego procurar, qual área profissional seguir, qual tipo de trabalho buscar são questionamentos para todos os recém-formados. Nesse caso, é importante fazer um planejamento de carreira, traçar objetivos e metas para os próximos dois anos, depois cinco e dez anos de sua vida profissional.

Por exemplo: se você se formar em medicina, sai como clínico geral, devendo escolher uma área de especialização. Também deverá escolher entre atender em um consultório particular e trabalhar num hospital. Decidir se vai fazer residência ou pós-graduação, se vai morar no interior ou ficar na capital etc.

Quando se está trabalhando, constata-se que aquela expectativa inicial, motivação da escolha da profissão, muitas vezes ainda não se cumpriu. São necessários vários anos de trabalho para alcançar o objetivo projetado, imaginado e desejado no momento da escolha.

Outros se dão conta, ao longo da vida profissional: aquilo que buscavam no momento da escolha não estava baseado na realidade, eram apenas sonhos, muitas vezes irrealizáveis. "Quando escolhi mecânica, eu queria criar e construir motores de carros da Fórmula 1, mas agora trabalho no gerenciamento da linha de produção do ferro e do aço, base das peças de máquinas e motores". Era um sonho ser o projetista da Fórmula 1!

Muitos terão de lutar para ter as condições mínimas de trabalho. Por exemplo, podemos citar o caso dos professores das redes públicas de ensino. Quais condições têm as escolas para desenvolver um bom trabalho? Onde estão os laboratórios de química, física e biologia?

E as folhas de papel para fazer cópias? E os computadores? São poucos ou estão desatualizados? Isso sem falar nos salários, geralmente insuficientes para garantir uma qualidade de vida mínima e satisfatória.

Muitas vezes profissionais formados realizam concursos públicos para funções independentes de um diploma de curso superior. Ao serem aprovados, alguns estão satisfeitos, outros, insatisfeitos, mas continuam por não terem encontrado outro trabalho na sua área. São os chamados "concurseiros", alguns até se sentem profissionais em concursos, pois pretendem fazer até alcançarem o melhor salário no serviço público. Mas será que se sentirão realizados e felizes no seu trabalho? Estariam eles mais preocupados com a segurança financeira e menos com a sua satisfação e realização profissional?

Você está sempre escolhendo, com maior ou menor autonomia, com maior ou menor consciência, com maiores ou menores condições, mas está sempre optando!

Mudando e reorientando

Inúmeros universitários dos primeiros anos buscam orientação profissional, chamada então de reorientação, pois, afinal, eles já fizeram uma escolha anterior, mesmo "impensada". Estes já não têm tanta pressa, pois o mais importante é a oportunidade de pensar detidamente e escolher de novo, com mais segurança e responsabilidade. Eles dizem: "Vim aqui para vocês me ajudarem a escolher, não posso errar de novo, não posso mais perder tempo!".

Observamos também os jovens universitários se sentirem em "crise no meio do curso" e se perguntarem: "Será que fiz a escolha certa? Mas eu tinha certeza de que gostava de engenharia mecânica e agora só reprovo! Não consigo estudar para as provas e me identifico mais com a área administrativa. Mas eu sempre tive certeza de minha escolha pela mecânica, o que eu faço agora, no terceiro ano do curso, desisto e começo tudo de novo ou continuo mesmo não gostando?".

O trabalho de reorientação está a cada dia mais difundido nos serviços de orientação profissional. Inúmeros jovens recém-formados nos procuram para saber se fizeram a escolha certa! Quando ingressaram no curso havia uma promessa de facilidade para encontrar emprego naquela área, mas, chegando no mercado de trabalho, buscam emprego e não encontram. A pergunta é sempre a mesma: "Será que fiz a escolha certa?".

Um jovem recém-formado em administração nos falou: "Quando fui fazer vestibular eu queria arquitetura, mas meu pai disse que eu não ia conseguir trabalho e sugeriu administração, pois essa área sempre tem ofertas de emprego. Agora já estou há um ano formado e não consigo emprego. Será que eu deveria voltar para a arquitetura?".

O que é escolha profissional

É difícil para o jovem ter a coragem de desistir de uma carreira já iniciada, principalmente dos cursos com maior prestígio profissional. Primeiro, ele pode se sentir envergonhado, ou até mesmo derrotado ao falar para os seus pais da sua desistência. A primeira ideia que vem à cabeça: "Os meus pais não vão concordar". Eles podem se ofender e até mesmo, em casos mais extremos, não deixar o jovem desistir. Principalmente em famílias mais autoritárias, nas quais os pais ainda pensam em decidir o que é melhor para os seus filhos, fica muito difícil contar para os pais dessa decisão!

Nossa experiência tem nos mostrado algo diferente. Muitas vezes, o jovem pensa que os pais ficarão bravos se ele desistir, mas, na realidade, os pais são muito mais compreensivos do que ele imagina. Afinal, os pais estão aí, dando duro no mundo do trabalho e sabem o quão penoso é trabalhar em algo com o qual não nos identificamos e não gostamos de fazer. Então, tenha coragem de conversar com o seu pai. Pergunte a ele o que ele gostaria de ter feito na sua idade. Pergunte o quanto ele está satisfeito no seu trabalho. E explique por que você não está gostando do seu curso, o que mais o aborrece. Em nossa prática, muitos pais dão a maior força para o jovem trocar de curso e acabam tornando-se cúmplice nessa nova investida profissional. Vamos contar um exemplo real:

Um jovem participante de um grupo de reorientação não estava gostando do curso de engenharia química cursado em outra cidade, distante da família, e para realizá-lo tinha uma despesa grande, bancada pelo pai! Quando retornava para casa nos feriados, pensava em contar ao pai, mas logo temia, vinha o seguinte pensamento em sua mente: "O meu pai está gastando tanto comigo e está tão feliz com o meu curso, como eu vou decepcioná-lo?". Então voltava para a outra cidade e continuava o curso, mas a cada dia se sentindo pior, por não conseguir gostar do curso! Até que um dia se encheu de coragem e falou para o pai:

— Pai, eu não estou gostando do curso, estou pensando em trancar.

E o pai respondeu:

— Claro, meu filho, mas qual curso você quer fazer?

E o filho surpreso perguntou:

— Mas você não vai ficar bravo comigo?

— Claro que não, pois como você vai ser um profissional de algo que você não gosta? É importante você fazer o que você gosta. Escolha outro curso e eu continuarei te ajudando!

O filho ficou aliviado e arrependido de não ter contato antes para o pai!

Percebemos nesse relato como os filhos conhecem pouco os pais, e muitas vezes ainda veem o pai a partir daquela imagem do menino obediente ao grande pai admirado e detentor do poder. Aquele que sabia o que é certo ou é errado.

Fazendo os estágios

Os estágios são fundamentais nessa época, pois é por meio da prática profissional que nos identificamos com a profissão. É possível ver nas atividades realizadas o resultado do trabalho daquele profissional. Os jovens de cursos nos quais o estágio não é obrigatório sentem-se perdidos, mesmo finalizando seu curso, pois não sabem "o que fazer" com os ensinamentos passados durante quatro a cinco anos de curso universitário.

Então, aí vai uma dica: quando estiver na universidade, procure os professores e se ofereça para fazer estágios, para ajudar, fazer qualquer coisa somente para estar perto da prática profissional. Logo o professor vai estar te passando algum trabalho de maior responsabilidade e você já se sentirá mais próximo da realidade da profissão!

O estágio também é fundamental para o estudante ver o quanto está se identificando ou não com a profissão escolhida. Isso nos dois sentidos, conforme vou explicar.

Há estudantes desmotivados, pensando até em largar o curso, pois não veem sentido naquilo tudo que estão estudando, reclamam de tanta teoria. Quando iniciam o estágio, começam a ver na prática "a coisa acontecer", isto é, veem como o profissional atua e o resultado do trabalho, e ficam superanimados, tornam-se ótimos alunos e passam a estudar com mais vontade para poder resolver os desafios da prática profissional.

Outra situação é daquele aluno que até pensava gostar do curso, mas continuava somente na teoria. Ao enfrentar a prática, começa a se sentir mal, a não gostar do trabalho a ser desempenhado e chega à conclusão de que essa profissão "não tem nada a ver comigo"! Nesse caso, fica mais fácil desistir dela, com conhecimento de causa.

Mas, atenção, só porque não gostou de um estágio não significa que você não gosta da profissão. Avalie bem outras possibilidades dentro da mesma profissão.

Outra dica: analise bem se as atividades solicitadas para você fazer pelo local do estágio são realmente atividades referentes à profissão, pois muitos empregadores, para economizar, contratam estagiários (com custo menor), mas no fundo querem um funcionário para fazer um serviço que não precisaria de uma formação superior para realizá-lo.

Fique atento! Agora foi promulgada a NOVA LEI DE ESTÁGIO, proibindo essa prática. Mas são os estudantes que devem estar atentos e denunciar quando empregadores estiverem infringindo a lei. (Veja Lei Nº 11.788, de 25 de setembro de 2008.)

Planejando a carreira

Planejar a carreira significa traçar objetivos e metas a alcançar na vida profissional e identificar os meios para consegui-los. Por exemplo, se um estudante quer fazer direito internacional, ele precisa saber línguas estrangeiras, no mínimo ter um bom domínio do inglês e do espanhol. Então, deve colocar no seu planejamento, durante o período universitário, fazer vários cursos de línguas e, quem sabe, até viagens ao exterior para aprender a língua *in loco*.

As transformações decorrentes do mundo do trabalho repercutem na vida de todos nós. Por conta dessas mudanças, as organizações de trabalho já não são mais capazes de oferecer aos seus empregados um futuro profissional estável e planejado, como acontecia anteriormente. O planejamento de carreira torna-se, então, uma nova "filosofia" para as escolhas da trajetória profissional dos profissionais da atualidade que pretendem inserção e manutenção no mundo do trabalho.

A professora Geruza D'Ávila, da disciplina Orientação e Planejamento de Carreira da UFSC, auxilia os universitários a se programarem em suas carreiras, discutindo com eles os prós e os contras de planejá-las. Comenta alguns exemplos:

Meu pai não precisou planejar a carreira, nem pensar sobre as decisões que ele ia fazendo no trabalho. Ele só fazia, mas não pensava em tudo, isso era com a empresa. Quando recebia aumento, não era por algo feito por ele, como uma reivindicação ou uma greve, mas era o sindicato ou o chefe que queriam aumentar as metas e tal. Até porque ele só trabalhou em uma única empresa em toda a sua vida.

Para os jovens que iniciam suas atividades laborais no mundo produtivo, há nos dias de hoje um imperativo: o planejamento de carreira. Se para os seus pais, considerados pertencentes à geração X, isso era uma preocupação distante, pois cabia sobretudo às organizações onde trabalhavam, hoje em dia essa tarefa é imposta aos jovens, chamados de geração Y.

Mas se eu quiser trabalhar no Google? Ou ser professor universitário? E se quiser as duas coisas? Hoje, só programando um roteiro e tendo um foco específico, senão a concorrência é grande e nunca chegarei no meu alvo.

A geração anterior, de nossos pais, possuía uma única carreira. Hoje em dia ouvimos falar em carreiras sem fronteiras, carreiras paralelas, carreiras colcha de retalhos, uma infinidade de escolhas de carreiras, sejam técnicas ou profissionalizantes.

Lembra do conto da cigarra e da formiga do La Fontaine? Pois é, quem me garante que se eu fizer como a formiguinha, trabalhar durante todo o verão, vou mesmo curtir o inverno? Ou vou ter meu lugar ao sol, como se diz por aí? Hoje em dia, é a cigarra quem se dá bem, curte o verão, se diverte no trabalho e ainda vai viajar no inverno, pois foi descoberta por um produtor musical... E aí? Vou planejar e me esforçar para quê?

Fica muito difícil planejar uma ou mais carreiras com um mundo tão complexo assim. O avanço da tecnologia, desde o advento do relógio, alterou nosso entendimento sobre o tempo. Hoje, se esperamos um segundo na frente do *notebook* (isso porque estamos ao mesmo tempo assistindo ao nosso seriado favorito pela Net), reclamamos, pois a internet está "lenta", mas não paramos para pensar: foi apenas um segundo de tempo de espera, é muito pouco!

Para que vou traçar um caminho, esperar chegar minha vez e me formar se posso ir aproveitando as oportunidades quando aparecem? Para que me esforçar, "fazer acontecer", se posso aproveitar e "deixar a vida me levar"?

Esta é a verdadeira questão: planejar, se organizar para o futuro, ou deixar a vida me levar e ir aproveitando as oportunidades quando elas aparecem, mesmo não sendo exatamente aquela que estamos buscando?

Com tanta coisa para pensar, como o jovem consegue fazer seu plano de carreira? Como consegue elaborar uma sequência de escolhas a serem realizadas dependendo de diversas oportunidades que não dependem só do seu esforço e vontade?

Minha irmã era bailarina profissional, desde muito pequena. Agora, com 20 anos, teve mais uma lesão no joelho e não pode ter o balé como escolha de carreira. Ela precisou se reprogramar profissionalmente, pois se tornou uma inválida nesse ramo da dança.

A orientação de carreira, como preferimos chamar, é uma habilidade de pensar e refletir sobre suas escolhas do projeto de vida (incluindo aí o projeto profissional) a todo momento. É uma reflexão constante para que o trabalho seja sempre produtor de muitos significados.

Marcamos a diferença entre a orientação de carreira e o planejamento de carreira por este ser uma atividade oriunda da administração e possuir uma sequência de elaboração (missão, objetivos, estratégias e metas de carreira, bem como diagnóstico) que pode ou não ser do "gosto" dos sujeitos. Para a orientação de carreira, a busca é pela produção constante de significados do trabalho, para que o sujeito não perca de vista o sonho profissional.

Quero fazer do mundo um lugar melhor para se viver, e isso eu faço no meu trabalho como professor, mostrando para os meus alunos de 4ª série que a gente pode ser como a gente é de verdade, como quando eu era criança como eles.

Para isso, é importante o resgate do autoconhecimento. Para se pensar a carreira, é preciso definir qual a prioridade da carreira na vida de cada um. Onde se situam as outras dimensões da vida humana: família, lazer, escola, ócio, política, saúde, religião, dentre outros? Organizar tudo isso num todo, pois, afinal, a vida da gente não é só trabalhar!

Geruza D'Ávila enfatiza: a carreira é construída no cotidiano, é importante o planejamento do futuro, mas sempre tendo em vista que é no presente, ao fazer as escolhas, que o futuro vai se construindo. E não deixar de lado a possibilidade de avaliar as oportunidades que aparecem, pois elas podem não estar previstas no nosso projeto, mas serem determinantes no nosso caminho.

APOSENTANDO-SE

Bem, já escolhemos a profissão, já planejamos a carreira, já vivemos 30 a 40 anos no mundo do trabalho, dando a nossa contribuição social e agora chegou a hora de se aposentar. À primeira vista, parece o melhor momento da vida! "Enfim, vou poder ganhar sem trabalhar! Vou poder só descansar!"

Mas não é bem assim. Um grande número de profissionais, com tempo de serviço e condições legais para se aposentarem, não querem fazê-lo. Sentem medo de não ter o que fazer, como ocupar tanto tempo do seu dia, antes dedicado somente ao trabalho! Este vai se tornar "tempo livre".

Aposentar-se também é uma escolha!

Puxa, a gente não para nunca de escolher? Até para "não fazer nada" preciso decidir, refletir e me preparar! Mas é complicada esta vida profissional, pensei que seria mais fácil!

O trabalho é central na vida das pessoas. Toda nossa vida está de alguma maneira vinculada ao trabalho e é definida por ele. Conforme a profissão escolhida, temos um tipo de vida. Por exemplo, se decidimos pela carreira militar, provavelmente estaremos sempre viajando, morando em cidades diferentes, assumindo cargos cada vez com maior responsabilidade para subirmos na carreira militar. Isso acarreta um tipo de vida para a nossa família, obrigada a nos acompanhar em todas estas mudanças!

Então, a profissão também nos permite construir uma identidade profissional, e muitas vezes a pessoa é confundida com o trabalho desempenhado. Por exemplo, dois jovens conversando: "Sabes o pai de fulano, o fiscal da receita, pois é, ele adora futebol". Então, o pai do amigo é "o fiscal da receita", este é o "sobrenome profissional dele". E assim também para os funcionários das grandes empresas. O "fulano de tal da Petrobras", o "beltrano da Caixa". A empresa passa a fazer parte do nome da pessoa, e ele é apresentado socialmente sempre com mais este sobrenome.

Então, como é se aposentar? É deixar de ser o "engenheiro da Usiminas" para ser quem? Um aposentado? Muitas vezes, gentilmente denominado como "inativo".

Este é mais um momento de escolha, em que é preciso se preparar, refletir sobre sua trajetória profissional, avaliar todas as realizações e o que ainda não foi feito para poder decidir qual o melhor momento para deixar de trabalhar!

Quando nos aposentamos, saímos de um emprego, de uma instituição, de um local que nos abrigou durante tantos anos. Os profissionais liberais muitas vezes não podem se dar ao luxo de se aposentarem, pois com certeza seu salário vai diminuir e muito.

Quem se aposenta não é o contador "João do Banco do Brasil". É uma pessoa com sua história de vida, uma trajetória profissional, ingressou no banco com 18 anos como *office-boy*, fez sua vida dentro dele, o banco se confunde com sua vida pessoal e familiar. Todas as conquistas foram dentro do banco, subiu de cargo, agora é gerente, estudou pós-graduação, mas sempre em função do banco. Como deixar tudo isso para tornar-se um inativo!?

Voltamos à questão da primeira escolha, aquela da juventude! O que eu gostaria de ter escolhido aos 18 anos? Quais eram os meus sonhos? Será que consegui realizá-los durante minha vida, até agora? Com certeza sempre encontraremos algo que ficou para trás. Algum sonho como: aprender a tocar violão, saber falar uma língua estrangeira ou conhecer a Índia. Pois agora chegou a hora de realizar os sonhos que ficaram para trás. Esta pode ser a saída para resolver a angústia de deixar de trabalhar. Encontrar os sonhos de juventude perdidos. Aquele passeio de moto pelo Brasil afora conhecendo do Oiapoque ao Chuí, ou aquela viagem pela América Latina! Agora temos dinheiro — pelo menos alguma condição construída nestes 30 a 40 anos de trabalho. E temos tempo; muitas vezes foi a nossa desculpa para não fazer as coisas!

O lado bom da aposentadoria — curtindo o tempo livre

Pessoas habituadas a terem suas atividades de lazer, a curtir outras atividades além do trabalho, outros amigos, frequentando grupos diferentes, sentem-se mais tranquilas neste momento da aposentadoria.

Aquelas para as quais o trabalho não se constituía como a sua única atividade, envolvidas com outras situações de vida, aposentar-se não é tão difícil assim. Por praticarem um *hobby*, por exemplo, andar de barco, competir em regatas, viajar, ou jogar futebol com os amigos e depois ficar "jogando conversa fora".

Aquelas que sabem aproveitar o tempo livre para fazer alguma atividade esportiva, caminhar, apreciar a natureza ou um bom vinho sentem-se mais seguras na hora da aposentadoria, pois têm mil coisas para fazer no tempo livre.

Muitas participam de grupos religiosos e com a aposentadoria podem dedicar-se por mais tempo, desenvolvendo outros projetos comunitários. Participar

O que é escolha profissional

de ONGs, em programas sociais, pode ser outra forma de se sentir útil e se envolver após a aposentadoria.

Aposentar-se significa usufruir o tempo livre do trabalho, aliás essa expressão foi criada justamente para significar isto: tempo "livre do trabalho". Que bom! O que sempre sonhei, tempo livre para fazer o que eu quiser, sem dar satisfação para ninguém. Mas não é bem assim, muitas vezes não sabemos, afinal, o que gostaríamos de fazer nesse tempo livre. Nunca nos dedicamos a outras atividades além do trabalho. Nem sabemos bem aquilo que gostaríamos de fazer! Será que nos conhecemos bem? Quem somos, o que é mais importante para nós? O que gostaríamos de fazer?

Afinal, por que será tão difícil aproveitar o tempo livre? Não seria este o nosso maior desejo, o que sempre almejamos, poder fazer todas aquelas coisas que sempre sonhamos mas nunca tínhamos o tempo suficiente?

Sempre o trabalho era mais importante, nos chamando para jornadas extras, finais de semana, à noite, viagens de negócios etc. e tal. Precisávamos ganhar mais dinheiro, para adquirir as coisas, comprar a casa própria, o carro, pagar os estudos das crianças e a faculdade dos filhos. E agora?! Precisamos é curtir esse tempo livre!

Trabalhar significa ficar de 40 a 60 horas ocupado durante a semana. Quarenta horas seria a jornada normal de trabalho, embora muitas pessoas estejam envolvidas muito mais horas por semana, e algumas até nos fins de semana.

Então, o que fazer com todo esse tempo livre, agora aposentado? É preciso se preparar, discutindo com os amigos na mesma situação e principalmente com a família, pois estaremos "voltando para casa", permanecendo mais tempo em casa, conviveremos mais tempo com nossos filhos e familiares. Como será esta nova vida?!

O lado ruim da aposentadoria — a perda da identidade e do *status* profissional

O lado mais difícil de encarar a aposentadoria está ligado à questão da nossa identidade profissional. Como falei antes, nosso trabalho passa a fazer parte da nossa identidade, somos a nossa profissão.

Por exemplo, os policiais quando iniciam seus trabalhos recebem uma Carteira de Identidade profissional de Policial e fazem um juramento no qual prometem serem policiais 24 horas! Em qualquer situação, onde seja necessário um policial, se eles estiverem por perto, serão chamados a intervir e deverão comparecer. Eles são literalmente policiais 24 horas por dia, sete dias por semana. Ao se aposentarem, recebem uma nova Carteira de Identidade, mas dessa vez de inativo, significa que eles não serão mais policias! Como é difícil perder a identidade de uma hora para a outra. Por isso a importância de um trabalho psicológico para auxiliar as pessoas a se aposentarem sem perderem a sua identidade, pois continuam sendo elas mesmas, a pessoa que sempre foram, em sua família, com seus amigos. Perderam sim a condição de policiais, mas continuam com a sua identidade pessoal.

Muitos adoecem por não aceitarem essa nova situação, de perda do *status* social, da admiração das pessoas em geral. Muitos dirigiam um grupo de pessoas, tinham poder e eram respeitados em suas decisões. Voltam para casa e lá quem encontram? Alguns encontram a esposa no lar, outros não, pois esta continua trabalhando. E aí o marido ficaria sozinho em casa, pois seus filhos estão estudando ou trabalhando e passam o dia todo fora de casa! O que ele vai fazer? É comum acontecerem doenças cardíacas, como enfartes e AVC. E também câncer, diabetes e outros tipos de doenças! Tudo começa a aparecer se a pessoa não souber vencer esse momento.

Muitas vezes, essa desestruturação pessoal acontece porque a pessoa não se conhece, não sabe do que gosta, quais atividades ou fazeres lhe dão prazer, nunca parou para pensar em si mesma, sempre se ocupou somente do trabalho.

A INFORMAÇÃO PROFISSIONAL

Para escolher é preciso antes de tudo conhecer aquilo que se pode escolher. Como é possível então conhecer as profissões? Seria ótimo poder ver *in loco* os profissionais trabalhando para ter uma ideia concreta sobre o mundo do trabalho.

Mas imagine se todos os interessados em comunicação social fossem visitar um estúdio de TV. O que aconteceria? No mínimo, deveria haver alguns funcionários responsáveis pelo atendimento a essas pessoas. São dadas poucas oportunidades para você experimentar e vivenciar as diversas profissões antes de fazer a sua escolha.

Existem em Cuba escolas vocacionais onde crianças de 10 a 15 anos visitam e permanecem um período por semana, exercitando atividades em minilaboratórios coordenados por profissionais. São muitos e variados, desde médicos até agricultores. Criam abelhas e produzem bebidas, como vinho, conhaque ou cerveja. Propiciam às crianças a vivência nessa minissociedade na qual as profissões e possibilidades de trabalho são apresentadas na prática.

A falta de informações sobre as profissões, sobre os cursos de formação e outras oportunidades diferentes da universidade leva os jovens a não cumprirem adequadamente a fase de exploração explicada anteriormente. Sem a realização dessa fase fica difícil alcançar as próximas. "Eu escolhi pedagogia, mas não sabia da necessidade de estudar estatística". "Eu estou cursando nutrição, optei só porque gostava de cozinhar, mas agora vejo que o curso é muito diferente daquilo que eu imaginava, preciso estudar química direto".

Como exigir de você um compromisso com a escolha feita, se não são dadas as condições adequadas de fazê-la? Quantas vezes jovens desistem do curso no 2º ou 3º ano de estudo, pois, ao iniciar a parte prática, percebem não ser essa a profissão que desejam seguir...

Buscando a informação profissional

A escola é o local adequado para o processo de informação profissional ser desenvolvido. Os conteúdos aprendidos em aula devem ter relação com sua vida cotidiana, integrando teoria e prática: "Para que serve estudar física ou química? Como esses conhecimentos podem ser aproveitados para consertar um chuveiro elétrico?". Mas nem sempre isso acontece.

A escola está cada vez mais distante da realidade e das necessidades de seus alunos. Os professores estão mais preocupados em cumprir um programa enfatizando as matérias do vestibular do que em responder às suas angústias:

— Quem sou eu?
— O que desejo para mim?
— Que profissão escolher?

A informação profissional pode ser obtida por meio de catálogos fornecidos pelas universidades, geralmente trazem informações referentes às atribuições do profissional, requisitos para ingresso, condições e mercado de trabalho. Alguns trazem ainda características e competências necessárias para a sua melhor realização.

Esse material está disponível nos *sites* das universidades e podem ser acessados por qualquer um. Existem *sites* específicos de informação profissional que se dedicam a mostrar o mundo das profissões, com entrevistas com profissionais, muitas vezes ao vivo, nos quais o aluno pode perguntar ao profissional alguns aspectos específicos de determinada área.

Também por meio de vídeos, você pode conhecer a profissão que deseja seguir. No *site* Youtube, há centenas deles, é só digitar o nome da profissão e clicar. Você terá a descrição, exemplos, situações e muitas outras informações sobre qualquer uma das profissões que imagina. E também pode vir a conhecer novas profissões que você nem imaginava existirem, e se interessar por elas! Não deixe de pesquisar.

Um aspecto importante a ser discutido na informação profissional é a inserção de cada profissão numa sociedade como a nossa, com um contexto socioeconômico e político em que ela se realiza.

Informar a você que o médico irá tratar da saúde de seus pacientes, aplicando técnicas ensinadas na Escola de Medicina, não é suficiente. É importante você saber que deverá ter uma série de empregos para poder ter um nível de vida esperado, deverá ter inúmeros convênios com órgãos governamentais e privados. Tudo isso tem por trás uma política de saúde determinada pela política econômica. Dentro desse contexto, ser médico não é apenas "tratar de doentes" ou "salvar vidas". É participar de um sistema sociopolítico e econômico no qual nem sempre há espaço para você realizar os seus sonhos.

Pense: como vou escolher alguma coisa se eu ainda não conheço e ainda vou trabalhar o resto da minha vida? A informação profissional é fundamental e SÓ VOCÊ pode procurar e se apropriar dela. Gosto de dar um exemplo para ficar mais fácil você entender.

Você é um rapaz e conhece uma menina numa festa com amigos. Você "fica" com ela. No outro dia, você vai pensar se quer ou não continuar se encontrando com ela. Mas você não pensa em se casar com ela no primeiro dia, não é mesmo!? Você vai querer conhecê-la bem. Será que vai dar certo? Será que vou gostar dela por muito tempo ou só por algumas semanas! Você vai querer CONHECÊ-LA em várias situações e momentos até ter a certeza de que quer ficar com ela. Com quantas meninas você já ficou? Com qual você decidiu casar? Não decidiu ainda, não é mesmo?

Pois é, com a profissão é a mesma coisa. É um casamento. A gente fica a maior parte do nosso dia no trabalho. Como escolher uma profissão se eu não a conheço bem, não sei o que faz nem onde trabalha? Será que vou aguentar trabalhar oito horas por dia nessa profissão?

Você já pensou se tivesse casado com a primeira pessoa que você beijou!? A primeira "ficante"? Como teria sido esse casamento? Com a profissão é mais ou menos assim. Fique com a profissão, conheça-a bem, troque-a por outra, investigue outras possibilidades e, só depois de bem esclarecido, escolha a que melhor lhe parecer. Aquela profissão que você acredita que vai lhe trazer a felicidade e com a qual você se casaria para o resto da vida!

É importante também você buscar informações sobre profissões que não existem na universidade. Por exemplo: se você visitar uma agência de publicidade e propaganda, encontrará uma série de atividades, como criação, arte-final, direção de produção, que não se aprendem na faculdade. Geralmente é na própria experiência profissional que as pessoas vão encontrando aquilo que mais gostam de fazer.

A faculdade não é a única saída. Não se iluda com o diploma. Busque também outras formas de encontrar o trabalho mais relacionado aos seus interesses e possibilidades. Pode ser mais difícil de encontrar, mas a gratificação será maior.

A ORIENTAÇÃO PROFISSIONAL

É possível participar da sua escolha profissional por meio da orientação profissional. Você sabe o que é isso?

A orientação profissional é um trabalho que leva *você* a tomar contato consigo mesmo, conhecer-se um pouco melhor, saber descobrir quais valores, interesses, motivações e potencialidades podem ser desenvolvidas no trabalho escolhido.

Em algumas escolas, esse trabalho geralmente é feito por orientadores profissionais que organizam grupos de discussão e informação sobre as profissões. Convidam profissionais para palestras e programam visitas a universidades e locais de trabalho conforme os interesses de cada turma de alunos.

Quando assistir palestras de profissionais em sua escola, falando sobre suas atuações, o período de formação profissional, as dificuldades encontradas, você deve estar preparado para fazer perguntas e questioná-los naqueles pontos mais importantes para você; prepare-se organizando as perguntas; o que você gostaria de perguntar?

A orientação profissional pode também ser realizada em consultórios psicológicos ou em instituições que prestam esse tipo de atendimento, como universidades, fundações educacionais e serviços de atendimento à comunidade. Esses trabalhos são desenvolvidos individualmente ou em pequenos grupos.

Quando você procurar auxílio, dê preferência ao trabalho em grupo e inclua atividades de informação profissional.

Prefiro falar em *facilitação da escolha*. Ela é realizada por um especialista em orientação profissional, responsável pelo desenvolvimento de um trabalho que auxilie na reflexão sobre o momento da escolha. A função do orientador é auxiliar a pensar, a questionar, a discutir sobre a realidade do mundo do trabalho, as possibilidades que existem, as condições sociais, políticas e econômicas que nos cercam.

Ao procurar orientação profissional, você jamais deve esperar que o orientador seja capaz de descobrir suas vocações "escondidas" ou de decidir qual a melhor profissão para você seguir!

As Secretarias de Educação dos Estados deveriam ter um guia de informações sobre todas as possibilidades de profissionalização ao qual o jovem possa recorrer ao terminar um ciclo de estudos. Atualmente, essa defasagem tem sido amenizada por publicações como o *Guia do estudante* (editora Abril), oferecendo informações em nível nacional. Cada Estado deveria elaborar o seu Manual de Orientação ao Estudante, pois devem ser levadas em conta as especificidades regionais, a situação da economia e as possibilidades de inserção profissional.

Muitas vezes, o jovem deixa de estudar a profissão de seu interesse por não saber da existência do curso ou por não conhecer as suas chances de trabalho no futuro. Na maioria dos casos, a falta de informação é causa de uma má escolha!

Como pode ser feito o trabalho de OP em grupo

O trabalho de auxiliar você a escolher a sua profissão deve ser feito em grupo. Por quê? Porque no grupo você tem oportunidade de trocar ideias com colegas seus, que estão passando pelo mesmo momento de indefinição. Você pode aprender muito com a experiência deles e também auxiliar os outros naqueles assuntos que você conhece melhor.

É importante no grupo ter uma pessoa coordenadora para orientar o trabalho, de preferência um psicólogo ou orientador educacional, profissionais formados para exercer esse trabalho nas escolas. Mas se em sua escola não há esses profissionais, convide um professor preocupado com o futuro profissional de vocês e peça a ele para participar.

O que deve ser discutido nos encontros?

Em primeiro lugar, é importante você se conhecer melhor para poder fazer uma escolha mais de acordo com seus interesses e competências. Discutam no grupo sobre as coisas que mais gostam de fazer, quais atividades vocês têm maior prazer em realizar. É interessante cada membro do grupo dizer como vê cada colega, quais habilidades são mais marcantes no outro, quais características pessoais lhe chamam mais a atenção. Esse tipo de trabalho exige uma confiança no grupo, em seus colegas e todos estão ali para se ajudar. Por isso é importante a presença do coordenador, auxiliando para que o processo de ajuda realmente aconteça.

Respondam entre vocês às seguintes perguntas:

— Quem sou eu?

— O que espero para o meu futuro?

— Quais são as minhas características mais marcantes?

— Por quais profissões eu me interesso?

Após o grupo ter discutido esses aspectos, auxiliando você a pensar um pouco mais em si mesmo, é importante informar-se bem sobre as profissões. Combine com os colegas para cada um pesquisar e trazer uma lista com informações sobre o maior número de profissões que encontrarem. Pesquise em revistas, jornais e *sites* na internet. Não se esqueça do Youtube, que possui muitos vídeos interessantes. Pergunte aos seus pais e avós quais profissões eles conhecem, o que fazem esses profissionais, em quais lugares trabalham. E aquelas profissões de antigamente, quais deixaram de existir, por que não existem mais?

É importante ter contato direto com os profissionais para conhecer de perto o que é cada profissão. Convidem amigos de seus pais, de diversas áreas profissionais, para falarem ao grupo sobre as profissões desempenhadas por eles, e pelas quais vocês têm interesse. Se possível, façam visitas a locais de trabalho para observar o profissional *in loco*.

Quando você já tiver bastante conhecimento sobre si mesmo e sobre as profissões chegará a hora de escolher. É importante pensar bem em todas as possibilidades, seus prós e contras, o que é necessário realizar para alcançar aquilo que você quer. É preciso ver a viabilidade da escolha e os obstáculos a serem enfrentados.

Depois analise profundamente se está mesmo disposto a enfrentá-los, se os ganhos posteriores serão compensadores. Tente se imaginar no futuro desempenhando a profissão e veja como se sente.

Após a escolha é preciso fazer acontecer o que decidimos. É bom lembrar que sempre estamos escolhendo e a decisão não é necessariamente para toda a vida. Podemos, passado algum tempo, chegar à conclusão de que estávamos enganados, e não era aquilo que queríamos, e buscar uma nova escolha.

O importante é cada escolha ser a melhor possível para aquele momento da vida da gente.

Como se imaginar na futura profissão

Para auxiliar você a imaginar-se no futuro desempenhando determinado papel profissional utiliza-se a técnica do *role-playing*, na qual são empregados recursos do teatro e da dramatização.

Por exemplo, um jovem está em dúvida entre ser professor e jornalista. Se ele estiver participando de um grupo de orientação profissional, o coordenador poderá dirigir o trabalho e dar a oportunidade a ele de experimentar esses dois papéis antes de fazer sua escolha.

O trabalho poderia se desenvolver assim: pede-se a ele para montar no cenário (local aonde vai se desenvolver o trabalho) uma cena na qual ele possa vivenciar o papel de professor, podendo utilizar os outros colegas do grupo e os objetos disponíveis na sala. Funciona o princípio do "como se", segundo o qual as pessoas representam como se fossem as personagens cujas ações são escolhidas pelo jovem em questão. Uns podem ser alunos, outros professores, pode haver o diretor e o supervisor. Uma almofada pode transformar-se na mesa do professor ou no quadro-negro.

O jovem é quem define a cena e passa a representá-la. Nesse desempenho, pede-se para ele ir percebendo seus sentimentos em relação ao ser professor. Pode-se também solicitar a troca de papel com outro participante, comentando como esse aluno está vendo aquele professor. A partir daí muitas cenas poderão surgir, outros jovens poderão desempenhar também papéis de outras profissões, criando-se situações nas quais várias pessoas podem de alguma forma trabalhar a sua possibilidade de ser determinado profissional. A cena pode evoluir para uma greve de professores, em que novos papéis surgirão: um jornalista vem entrevistar os professores sobre o movimento grevista. Nesse caso, o jovem pode experimentar os seus dois papéis, e numa mesma cena confrontá-los, permitindo com isso perceber onde se sentiu melhor, em qual lugar ele prefere estar.

Terminada a cena, vem o momento dos comentários, quando cada participante do grupo relata como se sentiu nos papéis desempenhados, o que isso tem a ver com o seu momento de escolha ou com uma vivência sua a ser compartilhada com os colegas.

Por meio das representações dos diversos papéis profissionais, o jovem estará em melhores condições de se conhecer cada vez mais e, assim, definir melhor qual profissional gostaria de ser.

INFLUÊNCIAS NA ESCOLHA

Muitas vezes já ouvimos falar que:

• só a classe média pode frequentar um curso superior;

• estudar numa universidade dá *status*;

• medicina, direito e engenharia são os melhores cursos;

• os pobres não podem escolher; trabalham "no que pintar";

• com esforço se chega lá, é só estudar e se dedicar;

• todos podem fazer o vestibular, é só querer e estudar;

• no Brasil existem inúmeros profissionais desempregados, para que formar mais?

Essas e tantas outras colocações você já deve estar cansado de escutar; com muitas concorda, com outras não. Todas elas, no entanto, podem influenciar a sua escolha.

Influências sociais

Você precisa cuidar para perceber as influências ocasionais e circunstanciais. Nossa sociedade é especialista em nos incutir uma moda, até nas profissões.

Houve um tempo no sul do país, quando foi aprovado o Polo Petroquímico no Rio Grande do Sul, virou "moda" prestar o vestibular de engenharia química; este atingiu na época um índice de procura bem maior que dos cursos comumente mais concorridos.

Nos últimos tempos, está em alta as áreas de robótica, informática e cibernética, pois estão ligadas a questões do futuro. Mas de que adianta escolher uma profissão "da moda" se não é daquilo que você gosta, ou não combina com o seu jeito de ser?

Por outro lado, existem cursos desvalorizados e relegados a segundo plano, por não terem *status* social. Estão geralmente ligados à área de ciências sociais e humanas. Muitos jovens deixam de seguir cursos como história e filosofia para estudar engenharia, por causa do *status* e, algum tempo depois, acabam voltando para a área de humanas.

O que acontecia com um jovem estudante de sociologia, história ou filosofia, na década de 1970, no auge da ditadura? Muitas vezes eram até perseguidos, tendo de abandonar o Brasil para não serem presos, pois eram considerados comunistas apenas por estudarem Marx. Agora, cursos como sociologia estão sendo mais valorizados, com sociólogos ocupando importantes cargos políticos.

À medida que o regime militar foi cedendo ao regime civil, profissões antes desvalorizadas passaram a ter importância. Por exemplo, temos a economia, pois, neste momento de profundas mudanças econômicas, encontra uma grande área de atuação em empresas públicas e privadas.

A saída pode ser escolher uma profissão de futuro: segundo pesquisa recém-concluída pelo Profuturo (Programa de Estudos do Futuro) da FIA (Fundação Instituto de Administração), as carreiras ligadas a Ambiente e Inovação se destacam entre as mais promissoras e que se consolidarão até 2020. A carreira citada pelo maior número de especialistas foi a de gerente de correlações, responsável pela comunicação entre consumidores, grupos ambientais e agências governamentais para desenvolver programas ecológicos. E a segunda foi a de CIO (Chief Innovation Officer) — irá interagir com funcionários para pesquisar, projetar e aplicar inovações. Em terceiro lugar, vem a de gerente de *marketing e-commerce*. E ainda as carreiras de conselheiro de aposentadoria e coordenador de desenvolvimento de força de trabalho e educação continuada.

Influências psicológicas

Mas o que leva alguém a ser médico? Por que não estudar belas-artes? Por que alguém faz filosofia, sabendo das dificuldades para encontrar emprego? Como alguém consegue escolher uma profissão, com todas essas influências e dificuldades?

Ao pensarmos na escolha profissional de uma pessoa, devemos primeiro conhecer a sua família. Ela é a matriz que imprimirá em cada um a primeira visão de mundo e de sociedade.

Muitas coisas acontecem até o momento da escolha da profissão. As razões e os motivos comentados pelas pessoas vão desde os mais românticos até os mais pretensiosos e revolucionários.

"Escolhi enfermagem, pois lá em casa todos dizem que eu tenho jeito para isso, porque sou meiga e paciente e sempre me procuravam quando meus irmãozinhos se machucavam."

"Eu escolhi engenharia porque sempre gostei de matemática e de desenhar. Pensei também em fazer arquitetura, mas meus amigos me gozavam dizendo que era um curso de *gays* ou artistas frustrados. Acabei desistindo de tudo e agora trabalho em informática."

"Eu escolhi por acaso, olhei na lista de opções do vestibular e marquei a primeira que me veio na cabeça: sociologia. Nem sabia bem o que era. Não larguei porque descobri que, como socióloga, posso lutar pela transformação social."

Os motivos são inúmeros: as vivências infantis; como foram os contatos iniciais com as profissões; quais fantasias elas despertaram na criança naquele momento; as influências dos preconceitos sociais em relação a alguns cursos; a expectativa da família em relação ao futuro dos filhos etc.

Na adolescência, você deixa de ser criança para se tornar adulto. Quantas vezes você se sente tratado como adulto pelos seus pais, geralmente quando eles querem lhe incutir responsabilidade por alguma coisa? E em quantas outras você é tratado como criança, quando seus pais ainda querem impor a autoridade deles?

Isso tudo pode deixar você confuso, sem saber quem você é. Quais os seus valores e quais os de sua família. O que você espera da vida e o que seus pais esperam de você. Essa confusão frequentemente leva à escolha de cursos e na realidade não passam de desejos dos outros.

Muitas vezes a escolha é realizada com a intenção de contrariar. Por exemplo, um filho de juiz, cujo pai carrega os enormes processos para ler em casa diz: "eu faço qualquer outra profissão, menos direito. Não quero ficar preso como meu pai lendo estes processos sem parar!".

Pode-se até perguntar: como você ainda consegue escolher? Com tantas influências e dificuldades, como é possível alguém escolher?!

A expectativa da família

Antigamente, as famílias queriam sempre ter um filho militar, um padre e um médico, pois essas eram as profissões de maior poder na sociedade. Agora, cada família quer ter um representante na medicina, no direito ou na engenharia, pois são consideradas as profissões de maior prestígio e *status* social. Apesar disso, um número muito grande desses mesmos profissionais encontra-se desempregado ou precisando trabalhar em diversos empregos para garantir um salário digno.

É uma ilusão!!

Tenho observado um fato interessante em relação à ordem de nascimento dos filhos: os mais velhos geralmente sentem mais a obrigação de cumprir determinada expectativa dos pais. Afinal, eles foram os primeiros e devem também servir de exemplo para os irmãos mais moços. Um grande número deles procura auxílio em orientação profissional, pois é muito difícil separar o que realmente é desejo seu e o que é desejo dos pais.

O que é escolha profissional

Os filhos mais moços também têm conflitos, pois muitas vezes precisam assumir o papel de "salvadores" em suas famílias. Uma vez escutei de um jovem: "... mas eu preciso fazer medicina, lá em casa ninguém estudou, e alguém tem de ser médico na família". Os filhos mais moços muitas vezes "precisam" realizar tudo que ainda não foi possível ser feito por sua família.

A satisfação ou frustração dos pais em suas profissões influenciam a visão que você terá do mundo do trabalho. Afinal, a experiência dos pais é a primeira com a qual os filhos entram em contato. Desde pequenos já os escutam dizer: "Papai não pode brincar contigo, meu filho, papai vai trabalhar...". E a criança já vê o trabalho como algo que a separa dos pais.

Uma vez um jovem me disse: "... acho que quero fazer direito, mas não sei se vou gostar de ficar decorando leis". Pesquisando sua história, encontrei seu pai dizendo: "... se eu pudesse ter estudado, teria cursado direito, pois é um curso tão interessante e eu estaria agora trabalhando em tribunais...".

Parece claro, no exemplo, este jovem se sente impelido a fazer aquilo que o pai não pôde fazer. Afinal, agora ele "pode", pois seus pais estão lhe dando todas as condições: pagando cursinhos e comprometendo-se a sustentá-lo o tempo necessário para obter o diploma. Mas será esta a profissão que o filho quer seguir? Ou apenas para agradar aos pais e vê-los se sentirem um pouco mais felizes?...

O momento da decisão dos filhos coincide com a fase de meia-idade dos pais, época na qual eles também se encontram questionando suas vidas, suas escolhas, suas profissões. Eles podem reagir de diversas maneiras: alguns, para "não influenciar", se abstêm de dar qualquer opinião, levando os filhos muitas vezes a se sentirem abandonados. Outros ficam definindo a profissão dos filhos a partir de "aptidões" reconhecidas e imaginadas por eles como sendo importantes para determinadas profissões.

Escolher uma profissão é muito mais do que escolher o que fazer na maior parte dos nossos próximos dias. É também responder a uma série de desejos e fantasias que não são só seus, mas também das pessoas mais significativas para você.

A escolha é uma forma de dar os primeiros passos para a obtenção da independência em relação aos pais: "... vou estudar informática e depois faço o que eu quero, pois aí já estarei trabalhando e não dependo mais de ninguém".

É muito grande o número de jovens que precisam estudar à noite e trabalhar durante o dia. Sua escolha já está aí bastante limitada, pois muitos cursos não são oferecidos naquele horário. Então, como conciliar a necessidade de trabalhar com a vontade de estudar?

Esse é um problema social que afeta um número grande de pessoas. Para resolvê-lo seria necessária uma reformulação nas leis trabalhistas; na jornada mínima de trabalho, envolvendo uma grande modificação na estrutura da sociedade. Há países onde o estudante recebe uma importância mensal do governo para poder estudar; outros, onde os trabalhadores, depois de muitas greves, conseguiram reduzir a jornada de trabalho a seis horas diárias. O resto do dia pode ser utilizado para estudo e especialização.

O desejo de ser um "diplomado" ou ter um filho "doutor" ainda impera em nossa sociedade. Alguns pais dizem: "Meu filho, eu te pago tudo que você quiser e precisar para continuar jogando futebol, desde que você faça uma faculdade e tenha um diploma...".

Realmente, se você analisar como a sociedade se comporta, o diploma muitas vezes é fundamental. Para uma pessoa se candidatar a um emprego, precisa, antes de se apresentar, mandar um currículo. O que vai anexo a um currículo? Cópia de diplomas e certificados de cursos, sejam eles bem ou malfeitos, bem ou mal aproveitados. Então, o que vale mais, a pessoa ou os títulos por ela colecionados?

VOCAÇÃO, ELA EXISTE?

Vocação, você sabe o que é? Será um chamado? Um caminho? Uma certeza? Uma capacidade especial para realizar determinada tarefa? O prazer de fazer algo? Ou é o encontro com a felicidade?

O que mais buscamos e queremos é a FELICIDADE? É simples pensar: "Serei feliz quando encontrar minha vocação". Isso acontece quando confundimos vocação com felicidade. Como se a vocação fosse algo que todos têm dentro de si, podendo ser encontrada a qualquer momento.

Para aqueles que não a encontram, quais alternativas restam? Não a encontram porque não conseguiram descobri-la? Como explicar que para uns seja fácil conhecer a vocação e para outros seja difícil?

Uma criança que senta ao piano e toca, ou outra já aos 8 anos sabe fazer caricaturas de desenhos animados e inventar suas histórias são exemplos de situações consideradas por muitos típicas de vocação.

O que é vocação?

No *Dicionário Aurélio* encontramos como significados de vocação: 1. ato de chamar; 2. escolha, chamamento, predestinação; 3. tendência, disposição, pendor; 4. talento, aptidão.

Você não estaria procurando uma vocação que o leve a ser famoso, descobrindo algo novo para a humanidade? Não seria essa a esperança de seus pais em relação a você? Que você seja grande pesquisador, músico ou um novo Ronaldinho? Que você ganhe o prêmio Nobel ou traga algum "troféu" para casa?

Vocação pode ser sim um chamado para fazer algo neste mundo, para deixar a nossa marca, fazer a nossa parte a fim de que este mundo seja um pouco melhor para todos. Mas não é algo escondido, e nem misterioso. É algo maior que a profissão em si.

É como se fosse uma missão que devemos cumprir nesta vida. Por exemplo, podemos ter a missão de ajudar as pessoas, e muitas profissões estão relacionadas com a ajuda: psicólogo, educador, médico, enfermeiro, e também o engenheiro, que consegue melhorar a qualidade de vida de toda uma comunidade ao instalar a eletricidade, por exemplo. Então, se formos analisar profundamente, todas as profissões serviriam para ajudar o homem a viver melhor. Apenas nós temos de decidir de qual forma queremos participar. Essa forma pode ser uma ou outra profissão.

Competência + interesse

Se a vocação é entendida como uma realização de determinado INTERESSE somado à COMPETÊNCIA, pode-se até afirmar que ela exista. A vocação não é algo inato, mas sim algo a ser desenvolvido a partir da experiência de vida.

Há interesse nas atividades pelas quais você sente atração e satisfação em realizá-las. Se você tem a possibilidade de colocar em prática seu interesse, estará mais seguro do que seja realmente um desejo seu. Quantas vezes você se depara realizando algo de que julgava gostar e percebe não ser tão gratificante quanto pensava?

A competência está ligada a aspectos puramente pessoais e individuais, isto é, à possibilidade de a pessoa desempenhar determinada tarefa com capacidade e habilidade. Quando é necessário muito esforço dizemos: "esta pessoa têm pouco jeito para aquilo".

O *interesse* e a *competência* são dois aspectos fundamentais na escolha da profissão. Uma boa dose de cada um pode levar a uma vida profissional satisfatória e, por que não dizer, feliz! Uma maior dose de um deles pode levar ao desenvolvimento do outro! É algo dinâmico, e estamos sempre aprendendo e nos desenvolvendo!

Os testes psicológicos

Os testes psicológicos caracterizam uma técnica de uso privativo dos psicólogos, pois sua aplicação caracteriza exercício dessa profissão. A elaboração de testes psicológicos, bem como a utilização de determinada técnica ou método, estão sendo avaliadas pelo Conselho Federal de Psicologia. Muitos testes conhecidos como de aptidão, de origem americana, não foram aprovados nessa avaliação e por isso não podem mais ser utilizados pelos psicólogos.

No momento, vários psicólogos pesquisadores têm se debruçado para criar instrumentos com validade científica para serem utilizados em processos de orientação profissional.

Existem testes elaborados por psicólogos que auxiliam a detectar os interesses. São chamados de *levantamento de interesses*. Esses testes objetivam sistematizar e organizar os interesses por meio de uma série de atividades nas quais você deve assinalar aquelas de sua preferência. O resultado do teste pode ser diferente conforme o momento da pessoa. Não confie apenas

O que é escolha profissional 83

no resultado do teste. Confie em você mesmo! Você é o dono da sua verdade!

Para conhecer seus interesses você precisa de testes? Será que não sabe o que gosta ou não gosta de fazer? O teste não resolve a questão da indefinição profissional. Apenas auxilia a confirmar alguns interesses que você já conhece.

Muitas vezes, as pessoas descobrem seu interesse ainda quando crianças e não têm a menor dúvida de qual profissão desejam seguir. Outras vezes, desde crianças pensam em ser algo e, quando chega a hora de optar por um curso, percebem que nunca pararam para pensar e verificar se ainda mantêm a escolha da infância ou se era apenas uma decisão infantil.

Para você: existe um homem certo para o lugar certo? Claro que não! São tantas as influências presentes na realização de um trabalho, não sendo possível existir um teste capaz de avaliá-las de forma integrada.

Como medir determinadas características pessoais, para as quais não existem testes? Por exemplo: a criatividade e a sensibilidade. Quais seriam as competências necessárias para ser médico ou psicólogo? Sensibilidade, capacidade de observação e análise, dedicação, coragem, sangue-frio — como medir essas capacidades por meio de um teste?

De que adianta você saber as suas competências, se elas não forem integradas com sua história de vida, suas motivações e interesses, sua estrutura familiar, seus anseios e desejos, seus valores pessoais e culturais e projetos para o futuro? Esses dados acabam por tornar-se mais importantes no momento da sua decisão do que o conhecimento obtido por meio dos testes.

Às vezes está tão difícil a escolha, sendo mais fácil deixar para o teste a decisão. Cuidado, você agora sabe os riscos que corre!

Podemos fazer uma comparação da utilização dos testes pelo psicólogo orientador profissional e um médico clínico geral ao atender um cliente. Os testes podem ser utilizados como auxílio no diagnóstico, assim como o médico se utiliza dos exames de laboratório ou das radiografias. É preciso ter presente: os exames não vão curar a doença do paciente, mas apenas confirmar ou não a hipótese do médico e dar direcionamento ao tratamento. Do mesmo modo, o teste não irá definir uma profissão nem resolver o problema da indecisão — apenas apresentará alguns dados objetivos a serem confirmados, ou não, por meio da sua análise junto com a pessoa envolvida.

DIÁRIO DE UM ESTUDANTE UNIVERSITÁRIO

Enquanto eu escrevia este livro, em sua primeira edição, em 1987, meu irmão Flávio Augusto fazia vestibular em Porto Alegre.

Um dia, ele me escreveu. Mandou-me parte de seu diário.

Publico-o por ser o depoimento vivo de alguém que, como você, está em busca de um caminho a seguir.

O diário de um estudante universitário não tem início no seu primeiro dia de aula.

Poderia até começar no dia do vestibular, ou mesmo no dia da inscrição, quando então marcamos no formulário on-line um dos cursos que a universidade oferece.

Esse diário começa no dia em que o estudante, ou um simples curioso, decide em qual área da ciência pretende se aprofundar. Sim, pois o estudante procura na universidade um meio de aprofundar seus conhecimentos e não uma profissão ou um emprego.

Com seu campo infinito, a ciência nos deixa curiosos e nos provoca inúmeros questionamentos. Assim, desde cedo, vamos procurando as respostas, tentando desvendar e matar nossa curiosidade. Portanto, a universidade é apenas a continuação dos estudos e não seu início.

Por isso, o estudante ao se inscrever no vestibular não define sua profissão ou área profissional. Ele simplesmente escolhe seu campo de estudos, no qual procurará sua realização pessoal.

É no desafio, no mistério e no fascínio de desvendar um campo da ciência que está todo o nosso incentivo ao estudo, toda a nossa sensação de pessoas plenamente realizadas. Logo, sua profissão surge como complemento, e não como fim ou objetivo. O emprego é o instrumento com o qual colocamos em prática o nosso conhecimento, a serviço da humanidade.

O meu diário começaria exatamente dez anos atrás, quando, aos 7 anos, despertei minha curiosidade pela eletroeletrônica. Tudo começou quando resolvi juntar cacarecos, na rua e em casa, a fim de tentar montar ou inventar qualquer "aparelho" útil, de preferência que precisasse de energia elétrica.

A partir de então, a cada dia que passava, minha curiosidade aumentava na medida em que eu juntava mais coisas; nunca, entretanto, cheguei a montar ou a inventar algo novo. Muitas vezes desmontei rádios, bar-

beadores elétricos, outras pequenas utilidades domésticas, sem maiores danos aos aparelhos, ou melhor, nada que uma boa assistência técnica não tenha resolvido.

Com essas façanhas, fui declarado o eletricista oficial da família, e a partir daí todos os aparelhos defeituosos tinham de passar pela minha revisão antes de ir para o verdadeiro conserto. Nunca cheguei realmente a consertar um aparelho. Com minha experiência, apenas arrumei alguns maus contatos ou soldei fios soltos.

Isso tudo foi suficiente para dar a mim a verdadeira sensação de ser um expert no assunto, fazendo com que eu me realizasse como se, na realidade, soubesse alguma coisa. Isso não importava. A sensação e a realização pessoal de estar fazendo algo de que se gosta e saber que se é útil para um determinado fim são o que conta.

Quando comecei a receber mesada, pude adquirir alguma bibliografia, principalmente de eletrônica e computação. Com isso, aos 12 anos, comprei minha primeira revista de computação e eletrônica. A partir de então, comecei a colecionar enciclopédias e revistas sobre o assunto. Sempre estive atento aos novos lançamentos noticiados pelos meios de comunicação, principalmente os vindos do Japão, Estados Unidos e Europa.

Com entusiasmo e conhecimento, hoje me considero apto para entrar numa universidade. Não que sejam esses os pré-requisitos necessários. Muito antes, pelo contrário, a curiosidade, a dúvida e a "fome do saber" são os verdadeiros pré-requisitos, embora não sejam suficientes para passar no vestibular.

E passar no vestibular é outra dessas histórias que todo estudante universitário tem de viver. Para mim foi algo relativamente "fácil", pois tive a felicidade de fazer um "vestiba" como experiência, ainda no 2º ano do 2º grau. Nessa primeira vez, tudo era brincadeira, não tive de estudar, não precisei me preocupar com os resultados, ninguém me cobrou nada. Eu ia descontraído, lia as questões, resolvia aquelas que eu sabia, "chutava" as outras que eu não sabia e ia embora. Sem problemas, sem medos. Tive a sorte de passar nessa primeira investida, apesar de ter feito um escore muito baixo.

Quando tive de fazer pra valer, eu estava muito mais seguro e tranquilo. Sabia o que ia enfrentar e que não era nenhum bicho de sete cabeças.

Como desde cedo minha opção já estava feita, não tive problemas com a inscrição. Porém, pude observar, nos meus colegas e amigos, o nervosismo ao fazer a escolha do curso. Cada colega tinha sua dúvida, e ninguém se entendia.

Alguns amigos faziam testes vocacionais ou entrevistas com psicólogos para descobrir em qual área deveriam ingressar. Pediam que outras pessoas decidissem por eles. Indicassem as curiosidades e dúvidas deles. Por ser escolha de outros, a dúvida permanecia às vezes mais forte do que se a escolha fosse própria.

Na minha sala de aula, a cada dia que passava, pior ficava o clima. Além do mais, os alunos daquele colégio não eram colegas e sim concorrentes para uma vaga na universidade.

A cada encontro entre colegas, a primeira pergunta que se fazia, antes de um "oi", era qual o curso que a pessoa pretendia. E logo a seguir vinha uma cara de felicidade quando o curso era diferente, ou um ar de tristeza quando se encontrava um concorrente. E assim se conviveu durante oito meses.

Meu colégio é um dos poucos que fazem simulação do vestibular. A disputa já começava antes do "vestiba".

No dia do vestibular, a falta de simples informações, como o número de questões, modo de apresentação da prova e outras, deixa o vestibulando mais nervoso ainda. Só quem já fez uma vez sabe como é e não "esquenta" com isso. Por isso, sempre informei meus colegas sobre o que eles encontrariam pela frente para que não se assustassem na hora. A espera do gabarito, a conferência dos resultados, alguns cálculos de médias e escores são rotinas que prevalecem durante os dias de prova.

A ansiedade dos pais e familiares e sua torcida também nos deixam com uma responsabilidade muito grande. Nada pior nessas horas do que um pai dizer: "Meu filho não me decepcionará!".

A comparação com os amigos é outra coisa que prejudica o bom desempenho do vestibulando.

Saber que outras pessoas estão melhor do que você, ou o pior, colegas que sempre tiveram baixos rendimentos no colégio agora conseguem rendimentos mais altos. Quando isso ocorre, a insegurança aumenta.

Para aqueles que têm sorte e passam na primeira tentativa, tudo bem. E os vestibulandos que não passam e tentam em outros lugares? Fazer mais de um vestibular, ou seja, pular de universidade, de cidade em cidade, executando provas cada vez mais difíceis (pelo menos para o aluno), é quase um masoquismo, capaz de acabar com qualquer sistema nervoso. E quantos estudantes passam por isso? E quantas vezes?

A imensa alegria de ver o seu nome e o de seus colegas numa lista de aprovados é incalculável.

Saber que uma barreira tão importante da nossa vida foi vencida e que agora as nossas dúvidas e curiosidades serão resolvidas é algo muito importante. Saber que teremos condições de nos realizar plenamente como pessoas e colocar nossos serviços em prol do desenvolvimento nos coloca, até certo ponto, com grande responsabilidade perante a humanidade.

Por isso, nosso papel de estudante se amplia até o de pesquisador e gerador de informações. Assim, propiciamos a nós e a outros estudantes novas dúvidas e curiosidades, num ciclo infinito de geração de conhecimento.

Flávio Augusto, 17 anos, 1º semestre do curso de Engenharia Elétrica da UFRGS, 1987.

O que é escolha profissional

Agora, 22 anos depois, ao publicar esta quarta versão do livro, solicitei a ele que escrevesse como está sendo a sua vida profissional, se suas expectativas de jovem vestibulando estão acontecendo...

Hoje, março de 2009, relendo aquele pedaço de minha história, vejo que se não o destino, pelo menos há um caminho definido para os acontecimentos de nossas vidas. Aos 39 anos, professor de outros jovens, aos quais tento, e descobri que era inconscientemente, motivá-los para seguirem meu caminho de busca do conhecimento, vejo "as previsões" se concretizarem.

Antes mesmo de pegar o "canudo" já estava em Florianópolis, na UFSC, iniciando o mestrado em processamento de imagens, embora ainda dentro da engenharia elétrica, mas mais próximo da computação. E novamente, antes mesmo de terminar o mestrado, já estava assumindo o cargo de professor do curso técnico de eletrônica do Instituto Federal de Santa Catarina (ainda ETF/SC naquela época). Assumi o cargo pois queria um emprego, mas estava de olho na universidade. Queria ser pesquisador, e professor era uma forma de atingir a meta. No entanto, fiquei apenas professor por um bom tempo.

Somente em 2001, quanto retornei à UFSC para fazer meu doutorado em física, a pesquisa voltou a fazer parte do meu dia a dia. física? Sim, física. Porque nos sete anos anteriores, do curso de eletrônica passei a ministrar aulas para o curso técnico de radiologia, que eu não sabia nada. Tive de estudar sozinho todo o funcionamento dos equipamentos radiográficos, da tomografia computadorizada, mamografia, ressonância magnética, medicina nuclear etc.

Tanto estudei e acabei escrevendo ao longo dos anos várias apostilas que já viraram meu primeiro livro em... física, lançado em 2003. Agora outros, esses sim mais próximos da área de engenharia, estão quase prontos. Deve ser o exemplo da irmã Dulce, que me contaminou. Agora, desde 2007, posso me considerar um pesquisador, pois tenho dois projetos de pesquisa financiados pelo governo, com direito até a bolsista.

Da minha vontade de ser curioso, de procurar respostas para as minhas dúvidas, hoje vejo tudo se concretizando. E olhando para trás, me lembro de um congresso científico em que conheci um professor que era engenheiro eletricista de uma área e estava, após mais de 25 anos de pesquisa, já na sua terceira área diferente de pesquisa. Na época, eu achei que ia ficar mesmo na área de processamento de imagens, pois não concebia ter de estudar outras coisas, começando do zero novamente.

Hoje, quem viu apenas meu início e vendo que estou na área da radiologia, pode achar uma grande mudança. E talvez tenha sido, mas eu não procurei di-

retamente por ela. Mesmo que eu tenha feito uma parte do curso de engenharia nuclear na UFRGS, pois pensava em trabalhar na Usina Nuclear de Angra dos Reis, fazendo mestrado em imagens, pois gostava de computação, e entrando para a área de radiologia, pois parecia um novo desafio, nada foi calculado para chegar até aqui. Confesso que o doutorado em física foi por necessidade de me aprimorar numa área que havia me apaixonado. Único movimento calculado.

Quanto a ajudar os outros? Bem, no estado de Santa Catarina temos ainda muita carência de recursos humanos e soluções para problemas na área da radiologia. Eu e mais um grupo de pessoas que compartilham dos mesmos ideais estamos tentando diuturnamente auxiliar a sociedade catarinense a resolver esses problemas.

Pode parecer ter demorado vinte anos para o profissional estar completo, realizado e feliz, mas acho que aconteceu no momento certo, pois estou muito contente com o que faço. E quando vejo que muitos de meus alunos do 2º ou 3º semestre já me procuram para conversar sobre seus TCCs de final de curso, vejo que um pouco de mim está neles. Alguns fazem algo certo, porém na hora errada. Cursam dois cursos superiores ao mesmo tempo (em instituições públicas, é claro, pois se tivessem de pagar, ficavam só no IF-SC). É muito importante a multidisciplinaridade, até porque a tecnologia radiológica é multidis-

ciplinar por concepção. Mas dois cursos simultâneos, mais de 40 horas semanais de sala de aula não é produtivo. Acabam sendo dois cursos pela metade. E não dois cursos que se multiplicam pelo conhecimento.

Se há destino? Não sei. Mas tenho certeza de que estava no lugar certo, na hora certa e com o conhecimento certo. E se por acaso faltasse o conhecimento, eu ia buscar.

Prof. Eng. Flávio Augusto Penna Soares
Dr. Núcleo de Tecnologia Clínica – Campus Florianópolis
Instituto Federal de Educação, Ciência e Tecnologia de
Santa Catarina (IF-SC)

SEJA VOCÊ MESMO O SEU PATRÃO

O que significa isso, afinal? É só o que se tem falado por aí neste novo milênio. Significa que você não terá mais um emprego, com hierarquia para respeitar, colegas de trabalho, uma empresa onde você deve estar presente todos os dias. Ser você mesmo o seu patrão significa trabalhar por conta própria, montar o seu próprio negócio, ou oferecer serviços de que o mercado necessite.

Para isso não necessariamente precisamos cursar uma universidade. Aliás, as profissões que o mercado está solicitando atualmente não são aprendidas na faculdade. Por exemplo: segurança da internet, programador de *home pages,* publicitário da *web,* instalador de memória, *chips, modems* e outros componentes para melhorar o desempenho de nossos computadores. Todas essas são profissões novas, não se ensinam na universidade, geralmente são jovens que aprendem "sozinhos" a fazer tudo isso, são autodidatas e começam desde cedo a ganhar o seu próprio dinheiro e a montar sua própria microempresa.

Estamos no início de um novo século e principalmente do milênio. Muita coisa está mudando e muito rapidamente. Precisamos também estar preparados para essa nova realidade: "um mundo sem empregos". Mas um mundo sem empregos não significa que não haverá mais trabalho. O trabalho sempre vai existir, pois ele faz parte da essência do homem. Nunca vivemos e nem poderíamos viver sem o trabalho. Para se ter uma ideia de como o trabalho evoluiu, desde os primórdios da civilização até a modernidade, não deixe de ler o livro de Susana Albornoz, *O que é trabalho*, da Coleção Primeiros Passos.

Para nossos pais, já é mais difícil pensar nisso, pois eles sempre foram acostumados a ter um "emprego seguro" no serviço público, no exército ou no Banco do Brasil, por exemplo. Mas, hoje em dia, não existem mais novos empregos, muito menos "emprego seguro". Os que eram "seguros" estão deixando de ser. Em Brasília, os deputados e senadores estão aprovando leis que acabam com a "segurança" do servidor público. Os bancos estão trocando os seus caixas por computadores (caixas eletrônicos), ou serviços *on-line*, e

O que é escolha profissional

nem precisamos sair de casa para pagar nossas contas, é só ligar o computador.

Mas para podermos encarar esse novo mundo, precisamos responder a algumas questões sobre nós mesmos, para nos ajudar a planejar o nosso futuro:

— Quais são as minhas *expectativas*? O que eu espero alcançar no futuro? Significa a pessoa fazer aquilo que realmente gosta de fazer e em que acredita. O desejo de fazer algo é o primeiro passo para ter sucesso e enfrentar os desafios.

— Quais são as minhas *capacidades*? O que eu sei fazer bem e gosto de fazer? Em que eu sou realmente bom?

— Qual é o meu *perfil*, isto é, em quais situações eu me saio melhor, sou mais produtivo naquilo que eu faço? Aprendo melhor por tentativas ou seguindo instruções? Em equipe ou sozinho? Escrevendo, ouvindo, vendo ou em movimento?

— Quais são os meus *pontos fortes*, isto é, o que eu posso utilizar a meu favor, por exemplo, as amizades, minha reputação, ou especializações realizadas?

Num futuro bem próximo, cada um vai ter de cuidar sozinho da sua própria carreira. Será preciso ver a si próprio como um profissional autônomo, vendo-se como se fosse o seu próprio negócio, sendo o empresário de si mesmo, fazendo frequentemente o seu autogerenciamento.

Seja seu próprio patrão! é uma afirmativa que leva a uma nova maneira de pensar e a se adaptar ao desafio do mundo real, sem empregos. É um novo jeito de ver o mundo do trabalho e de cada um de nós se sentir mais preparado e competente para encarar os novos desafios.

POR ONDE COMEÇAR...
OU DANDO OS PRIMEIROS PASSOS

A escolha de uma profissão supõe um conhecimento de si mesmo e do mundo do trabalho. Quem eu sou? Que coisas gosto mais de fazer? Como me sentiria fazendo determinadas atividades? O que faz um agrônomo? O que é robótica? O que é fonoaudiologia? Por onde começar, então?

Se você parar para refletir, encontrará muitas respostas importantes neste momento da decisão.

Para se conhecer um pouco melhor é necessário prestar atenção no seu próprio comportamento, nas coisas que faz e nos sentimentos ao fazê-las; onde tem maior prazer e o que causa desprazer.

Para conhecer melhor as profissões é preciso um movimento pessoal em relação a elas, pois é necessário ter iniciativa para buscar novas informações. É possível obtê-las de várias maneiras: pela observação, por meio de visitas, entrevistas ou leitura sobre as profissões.

O trabalho de observação depende basicamente de você. É melhor ter alguém com quem comentar as ideias surgidas. Por exemplo: quando você anda pela rua, encontra uma série de profissionais realizando os seus trabalhos: o motorista de ônibus, o guarda, o engenheiro de obras, o artesão, o balconista, o gerente de banco, o repórter, o professor. Analise detalhadamente os movimentos de cada um desses profissionais. Após algum tempo, descreva as características dos seus trabalhos. É importante tentar colocar-se no lugar deles e imaginar como se sentiria realizando todas aquelas tarefas.

Você poderia imaginar-se como um gerente de banco, mas nunca como um repórter ou professor.

Apesar de gostar do contato com as pessoas, poderia não se sentir bem em falar para um grupo grande, preferiria estar com poucas pessoas de cada vez.

Para dar os primeiros passos, proponho um desafio para você fazer usando sua criatividade, junto com seus amigos e colegas. Responda:

- Quais as coisas que mais gosta de fazer? E quais as que você menos gosta? Faça uma lista e comente com eles os seus motivos.
- Quais são os valores mais importantes para você? E para a sua família? E para a sociedade? Faça uma comparação entre eles.

O que é escolha profissional

- Que tipo de ambiente prefere: ao ar livre, fechado, silencioso, movimentado, limpo, desorganizado etc.? Por quê?
- Prefere fazer suas tarefas sozinho ou com outras pessoas? Em que situações?
- Gostaria de fazer algo que envolva precisão, detalhe, pequenos movimentos manuais? Ou que exija movimentos corporais amplos, força física e resistência?
- Consegue imaginar-se num trabalho que necessite falar bem, ter fluência, convencer pessoas, ser compreensivo?
- Pergunte para pessoas conhecidas suas: como elas veem você? Quais as suas características mais marcantes? Para qual tipo de profissão elas acham que você leva mais jeito? Depois analise as respostas dadas; você poderá ter muitas surpresas...

Outra maneira de entrar em contato com as profissões é fazer visitas aos locais de trabalho. Mas você pode entrevistar as pessoas trabalhando, embora só a observação já possa dar uma ideia daquela profissão.

Se você quer ser jornalista, experimente entrar na redação de um jornal. Encontrará uma série de pessoas trabalhando movimentadamente, cada uma escrevendo no seu computador com muita rapidez. Umas conversando com as outras, trocando ideias sobre alguma notícia nova. Outras desenhando um cartum ou ao telefone, redigindo alguma matéria recebida via internet.

Há ainda aquele que está ligado no vídeo, ou conferindo as últimas notícias via *e-mail*. A primeira sensação pode ser de atrapalhação: "Como podem se entender, se todos falam e trabalham ao mesmo tempo?".

Observando esses profissionais, você terá uma ideia de como irá sentir-se desempenhando o papel de jornalista.

Há vários profissionais, todavia, que não podem ser observados em seu trabalho, pois não são acessíveis. Nesse caso, é interessante combinar com eles uma entrevista na qual você possa conhecer, na prática, um pouco sobre seus trabalhos. Para realizar essas entrevistas, há algumas perguntas importantes, por darem uma ideia geral sobre a profissão e a vivência do profissional entrevistado.

Algumas sugestões de perguntas: o que é a sua profissão? Para que serve? Como ela se insere no contexto social? Como é o curso de formação? Tem estágio obrigatório? O curso prepara para o desempenho profissional? Como o profissional se sente realizando o seu trabalho? Gostaria de trocar, se fosse possível? O que faria? Por que escolheu essa profissão? Ela correspondeu às suas expectativas? Quais as dicas que pode dar para quem vai começar? Quais são as possibilidades salariais e de mercado de trabalho?

Outra sugestão: peça para sua escola comprar o jogo *Profissiogame*, da Editora Vetor. Esse jogo tem por objetivo proporcionar maior contato com a realidade do mundo do trabalho, com informações sobre diversas situações ocupacionais. Ao jogar, o jovem se vê diante de situações inusitadas, nas quais irá conhecer o que fazem os profissionais, sentir-se no lugar deles e ainda imaginar-se, sendo esse profissional, num complicado e elaborado universo criado pelas situações propostas pelo jogo.

Mãos à obra, não fique aí parado! O desafio pode ser encarado como um jogo, uma brincadeira da qual você tenha prazer em fazer. Combine com algum colega e discuta sobre o que você acabou de ler neste livro. Peça auxílio para seus pais e professores e saia em busca de informações. Só assim você estará se preparando para uma boa ESCOLHA PROFISSIONAL!

A resposta está dentro de você mesmo, muito mais perto do que você possa imaginar. BOA SORTE!

INDICAÇÕES PARA LEITURA

Escolho, para indicar, livros que, como este, têm uma linguagem acessível e são gostosos de ler. Da Coleção Primeiros Passos, vários títulos complementam e aprofundam muitas questões aqui discutidas. São eles: *O que é trabalho*, *O que é adolescência*, *O que é lazer*, *O que é universidade*. Outros falam das profissões em si, como arquitetura, comunicação, direito, educação, filosofia, jornalismo, música, medicina, psicologia, serviço social, teatro, política.

Outros dois livros que nos dão muito prazer ao ler e dificilmente conseguimos parar antes de chegar ao seu final são: *Estórias de quem gosta de ensinar* e *Conversas com quem gosta de ensinar*, de Rubem Alves (Coleção Polêmicas de Nosso Tempo, Cortez Editora). Não deixe de ler, pois eles mostram de uma maneira divertida e triste, ao mesmo tempo, todas as contradições da educação às quais estamos submetidos. O capítulo "O país dos dedos gordos" fala-nos do vestibular e de como ele já está presente na cabeça dos pais desde que a criança é bem pequena.

Como se faz a história do vestibular, de Sônia Guimarães, da Coleção Fazer, editora Vozes, nos apresenta dados objetivos do vestibular de várias universidades do Brasil.

Dulce Whitaker, em seu livro *A escolha da carreira*, editora Moderna, consegue colocar com clareza, dinamismo e objetividade a questão dos fatores sociais, políticos e ideológicos presentes no momento da escolha e a angústia gerada nos jovens.

Adolescente também é gente é uma coletânea de artigos organizados por Israel Zekcer, da Summus Editorial, e tem alguns capítulos sobre adolescência e a dinâmica familiar, a questão do vestibular e da escolha da profissão.

Publiquei em 1987 e reeditei em 2002 pela Editora Summus, o livro *A escolha profissional: do jovem ao adulto*. Traz uma reflexão teórica acompanhada de inúmeros depoimentos de jovens. Apresenta também uma estratégia de ação, um planejamento por encontros e as técnicas a serem utilizadas em processos de orientação profissional, útil a profissionais da área.

Indico ainda o jogo *Profissiogame: o jogo da vida profissional*, editado pela Vetor. Ele tem por objetivo proporcionar aos jovens um contato com o mundo do trabalho por meio de uma inserção lúdica no universo laboral. Pretende auxiliar o jovem a superar uma grande dificuldade na hora de escolher uma profissão: a falta de conhecimento sobre as mesmas. Essa atividade de informação profissional (IP) é vista pelos jovens como a parte enfadonha da OP, por sua característica repetitiva, sendo desinteressante para qualquer um ler infinitas descrições curtas de mais de 200 profissões. Ao jogar, o jovem se vê diante de situações inusitadas, ele deve conhecer o que fazem os profissionais, sentir-se no lugar deles e ainda imaginar-se, sendo este profissional, num complicado e elaborado universo criado pelas situações propostas pelo jogo. O *Profissiogame*, ou jogo da vida profissional, pode ser utilizado por professores, psicólogos, pedagogos e todos os profissionais que tenham como objetivo proporcionar ao adolescente um conhecimento mais elaborado a respeito do mundo das profissões em geral. Pode ser um instrumento auxiliar em sala de aula, servindo de apoio pedagógico para a realização de pesquisa sobre o mundo profissional.

A editora Abril tem publicado uma série relacionada ao *Guia do estudante,* com informações sobre profissões, universidades, cursos técnicos e de pós-graduação, como estudar no exterior, como escolher a profissão, entre outras. Recomendo.

Indico o livro *Formação e orientação profissional: manual para jovens à procura de emprego*, de Sarriera,

Câmara e Berlim, da editora Sulina, de Porto Alegre. Este livro é um manual dirigido aos jovens e apresenta várias técnicas e exercícios para auxiliarem na busca da primeira colocação profissional. É indicado aos jovens e aos profissionais também!

No livro *Entendendo a orientação profissional* (editora Paulus) Kathia Neiva nos explica de uma maneira fácil de entender o processo de orientação profissional e sua importância para auxiliar o jovem na escolha.

Em Belo Horizonte, Mariza Lima também apresenta sua longa experiência com jovens no livro *Orientação profissional: princípios teóricos, práticas e textos para psicólogos e educadores*. Indico por se tratar de uma linguagem acessível aos próprios jovens e para profissionais e traz uma série de técnicas, inclusive artísticas, utilizando a música e o cinema como instrumentos intermediários do processo de OP.

Em relação ao vestibular, Gustavo Ioschpe escreveu: *Vestibular não é o bicho* (Editora Artes e Ofícios). Jovem como vocês, ele dá algumas dicas de como encarar de cabeça fria e "passar" no vestibular, enfrentando não só a concorrência dos colegas como também a pressão dos pais e parentes.

Rosane Levenfus, acostumada a trabalhar com jovens e seus pais, escreveu *Faça o vestibular com seu pai, faça o vestibular com seu filho*, em que ela propõe aos pais e filhos se encontrarem para conversar nesse momento tão difícil da escolha de uma profissão (editora Artes Médicas). Ela também publicou o livro *Interesses e profissões: suporte informativo ao orientador profissional*, pela editora Vetor, em que apresenta o conceito das diferentes áreas de interesses e contém um guia com 210 profissões de nível superior.

E ainda sobre informação profissional, procure em seu Estado quem está publicando esse material. Em Santa Catarina, temos o *Guia das profissões*, elaborado por Karina Filomeno e Renata Nogueira. Procure na sua cidade, no seu cursinho, pois muitos outros guias estão sendo elaborados para ajudar você a "se informar".

SOBRE A AUTORA

Sou filha de Flávio (arquiteto e professor) e Maria (professora primária, alfabetizadora). Sou casada com Sergio Vasco (advogado trabalhista, em sua segunda carreira).

Nasci em Cachoeira do Sul, mas cresci em Porto Alegre. Vivo em Florianópolis por opção. Aqui se vive tranquilamente! Sinto-me uma "catarucha", mistura de catarinense com gaúcha. Estudei psicologia na UFRGS, onde também fiz meu mestrado em psicologia educacional. Decidi me especializar nesta área de orientação profissional, talvez por uma vontade de estar sempre experimentando novas profissões, novos "fazeres". Agora estou sendo um pouco "escritora". Estudei na França, morei em Paris e Estrasbourgo, e defendi uma tese de doutorado em psicologia clínica sobre: *Escolha profissional: projeto dos pais e projeto dos filhos*. Estudei a influência da família nas nossas escolhas, principalmente a da profissão a seguir.

Trabalho no Departamento de Psicologia na UFSC há vinte e seis anos, onde realizo um trabalho de orientação profissional no SAPSI, Serviço de Atendimento Psicológico. Sou professora do Programa de Pós-Graduação, em que oriento pesquisas de mestrado e doutorado, sempre descobrindo novas facetas do mundo do trabalho e das escolhas profissionais. Sou pesquisadora em produtividade do CNPq desde 2006. Coordeno o Laboratório de Informação e Orientação Profissional — LIOP —, onde realizamos pesquisa na área de informação e orientação profissional. Sou membro-fundadora da ABOP — Associação Brasileira de Orientadores Profissionais.

Atualmente tenho desenvolvido novos projetos nesta área. Criamos em 2003 a disciplina Orientação e Planejamento de Carreira, com o objetivo de auxiliar os universitários a organizarem sua vida futura, a planejarem os estágios, a melhor se prepararem para ingressar no mundo do trabalho.

Também criamos o Programa Aposenta-Ação, projeto que visa auxiliar os futuros aposentados a se prepararem para a vida sem trabalho, para melhor usufruírem o "tempo livre" do trabalho. Ao se nomear o Programa com o título Aposenta-Ação, idealizou-se associar o termo aposentadoria com ação, significando que essa fase da vida pode e deve mobilizar as pessoas para atividades não desenvolvidas no seu período de trabalho produtivo. Esse é seu momento de concretizar sonhos e desejos muitas vezes deixados de lado em função das exigências do trabalho regrado e da consequente falta de tempo para tais realizações.